D0839248

La gourmandise
ne fait pas grossir !

Ariane Grumbach

La gourmandise
ne fait pas grossir !

carnets**nord**

© Carnets Nord, 2016
12, villa Cœur de Vey, 75014 Paris
www.carnetsnord.fr
ISBN : 978-2-35536-218-7

Au menu...

« Il faut manger cinq fruits et légumes par jour. » « Le sucre nous fait du mal. » « Oh ! tu devrais essayer de manger sans gluten, on se sent tellement bien. » « Qu'est-ce qu'on mange ce soir ? Quoi, encore des pâtes ! » « Arrêtez de grignoter ! » « J'ai 3 kilos à perdre, impossible ! » « Pas de chocolat dans mes placards, sinon je mange la tablette. » « Je ne sais vraiment plus quoi manger... » Que d'injonctions, d'inquiétudes, de crispations, de questions autour de la nourriture aujourd'hui ! Qui secouent et gâchent notre relation à l'alimentation.

Et si vous arrêtiez de vous angoisser ou de suivre le dernier régime à la mode ? Si vous preniez soin de vous en préservant le plaisir de manger ? Car savez-vous que la gourmandise ne fait pas grossir ? Je parle de la vraie gourmandise, celle qui procure du plaisir à savourer des mets qu'on aime. Bonus, elle n'est en aucun cas un péché ! Eh oui, l'Église s'est un peu emmêlé les pinceaux, elle voulait en fait condamner la gloutonnerie... Être gourmand, c'est manger de tout, sans interdit, avec plaisir, en écoutant son appétit, et se sentir ainsi bien dans son corps et dans sa tête. Je constate combien sont réjouissantes la tranquillité et la liberté retrouvées quand on cesse les privations et qu'on apaise cette relation perturbée à l'alimentation.

Je vais tenter de vous convaincre de cela sans ajouter au désordre ambiant ! Sans prétendre tout savoir sur des sujets complexes, je vous livre quelques clés pour décrypter le pourquoi des modes alimentaires et vous délivrer des injonctions, quelques pistes pour retrouver une relation sereine à la nourriture qui vous mènera à votre juste poids, quelques bribes de mon combat contre les diktats qui nous enferment et nous gâchent la vie. Et aussi une invitation à la réflexion sur votre façon de manger, tout cela sans prise de tête.

Je choisis et vous propose une voie du milieu entre la triste privation alimentaire et la goinfrerie ; entre le retour à une nourriture paléolithique et la soumission aux géants de l'agro-alimentaire ; entre le rejet de toute consommation animale et les accros à une portion de viande quotidienne ; entre les gens qui interdisent sans nuance le lait ou le gluten et ceux qui nient tout problème lié à leur consommation moderne ; entre les tenants d'approches nutritionnelles dites révolution-naires et les scientifiques sûrs d'eux, fermés à toute remise en cause.

Ce petit livre ne va donc pas vous donner des règles alimentaires rigoureuses et vous dicter quoi manger. Je suis devenue diététicienne par passion, gourman-dise, goût de l'humain, et j'aime la relation unique et complexe que chaque personne a nouée avec la nour-riture. Je ne peux évidemment prendre en compte ici cette singularité. C'est pourquoi j'ai choisi d'écrire sous forme d'abécédaire. Pour que vous puissiez suivre un chemin de lecture personnel, picorer de-ci de-là selon vos intérêts et préoccupations, composer votre propre menu dégustation. Cet ouvrage a la modeste ambition de contribuer à ce que vous vous sentiez plus libre dans votre façon de manger et qu'elle soit pour vous surtout synonyme de plaisir, de curiosité, de diversité et non de stress ou de frustration.

Alors, en route pour ce voyage vers une gourmandise tranquillement assumée ?

Les mots en gras dans le texte renvoient à des entrées présentes dans l'abécédaire.

A

Abracadabra

Si vous voulez de la magie, passez votre chemin ! Parfois, les personnes qui viennent me voir affirment avoir tout essayé et que je suis leur dernière chance. Elles ont compris que plus on perd du poids vite, plus on risque de le reprendre. Elles ont envie d'autre chose que d'un **régime**. Et pourtant, beaucoup voudraient que cela aille vite. Pour rester motivées. Comme si, à partir du moment où l'on a décidé de **mincir**, il fallait que ce soit immédiat. Mais retrouver un corps dans lequel on se sent bien se fait rarement d'un claquement de doigts. Comme si on pouvait dire : « Abracadabra, je veux être mince ! » Et que ça marche. Comme si j'avais une baguette magique... J'aimerais bien faire des miracles. Mais je suis obligée de les alerter sur le fait que ce sera sans doute plus compliqué. Que cela pourra prendre du temps. Mais que cela en vaut la peine, car la tranquillité alimentaire, c'est inestimable.

Acceptation

Accepter la réalité, c'est parfois difficile. Elle n'est jamais tout à fait comme on la rêverait. Ainsi en va-t-il de notre corps. Vous me voyez venir ? Après avoir avoué que je n'avais pas de baguette magique, vous pensez que je vais vous dire d'accepter votre **silhouette** actuelle et de vous en accommoder. Pas du tout ! Accepter la réalité du moment, c'est se donner un point de départ pour changer. Cela ne veut pas dire se résigner et renoncer à tout changement. Ainsi, quand on parle d'accepter son corps, il faut distinguer deux aspects. Il y a une part à accepter : ce qu'on ne peut pas changer soi-même, ce sur quoi on ne peut pas agir, même modestement. Accepter qu'on ne sera jamais la super pin-up dont on rêve à force de lire les magazines féminins, accepter qu'on ne reviendra pas au poids de ses 16 ans après trente ans de **régime**, accepter qu'on a des épaules ou des hanches ou une silhouette non conforme aux canons du moment. Accepter tout cela, c'est difficile, certes. Mais accepter son corps, cela permet de vivre dans le présent, de profiter de la vie sans rêver éternellement à tout ce qu'on fera « quand on sera mince ».

En revanche, il y a une part sur laquelle vous pouvez agir, à votre rythme. Si vous avez pris du poids, vous pouvez comprendre pourquoi et **changer** votre façon de manger pour revenir à votre poids naturel. Si vous maltraitez votre corps en lui donnant à manger n'importe quoi qui le fait se sentir faible et fatigué, vous pouvez changer votre alimentation. Si vous vous sentez ramollo, vous pouvez trouver une activité tonifiante qui vous plaît. Si vous passez votre temps à vous autocritiquer, vous pouvez vous exercer à vous regarder avec gentillesse, à vous concentrer sur les parties de votre anatomie que vous aimez et les mettre en valeur plutôt que vous focaliser sur vos défauts. Tout cela nécessite un peu d'entraînement. On peut commencer par lister tout ce qu'on aime en soi, honnêtement, sans se malmener, et aussi tout ce qu'on a envie de faire maintenant, sans attendre.

Ados

« Les ados, ils mangent vraiment n'importe quoi, que de la junkfood. » « Ils sont toujours au fast-food ou ils avalent un kebab. » « Impossible de leur faire manger des légumes... » L'adolescence est une période qui inquiète les parents, notamment en ce qui concerne l'alimentation. Or il est normal de s'affranchir des habitudes alimentaires familiales, et de se rapprocher de celles des copains-copines, dans un moment où l'on veut prendre son autonomie, affirmer sa personnalité, se rebeller. C'est un passage inévitable. Parents, détendez-vous ! Si un ado a reçu dans son enfance les bases d'une **éducation** alimentaire variée, il n'y a pas d'inquiétude à avoir, il y reviendra peu à peu. Au plus tard, quand il deviendra lui-même parent... On sait par ailleurs que les ados ne font pas que manger des burgers et des pâtes. Ils reviennent aussi à la table familiale, ne serait-ce que pour des raisons financières. Charge aux parents de les tenter par une nourriture saine et goûteuse.

Côté filles, l'adolescence est une zone à risque. Le corps change beaucoup, des formes s'installent, difficiles à accepter. On lit des magazines féminins saturés de minceur extrême, on a quelques copines toutes fines. On aimerait être comme elles et on commence à penser **régime**. Si vous voyez que votre fille commence ainsi à vouloir supprimer ou diminuer certains aliments de façon anormale, arrêtez-la tout de suite. Expliquez-lui les méfaits de la **restriction**. Qu'elle ne commence surtout pas le premier régime, début d'un engrenage ! Difficile bien sûr si les parents n'ont cessé d'enchaîner eux-mêmes les régimes et ont fait de la **balance** un objet de culte... Apprenez-lui à apprécier la diversité des silhouettes, à aimer son propre corps avec ses particularités et ses imperfections, à avoir confiance en elle (cela se joue tout au long de l'enfance). Plutôt que se priver, incitez-la à bouger avec plaisir en (re)trouvant une activité sportive ou ludique qui l'aide à se sentir bien dans son corps.

Âge

La prise de poids avec l'âge n'est pas une fatalité, voilà une bonne nouvelle ! Je me souviens d'avoir croisé dans une soirée une quarantenaire qui m'a remerciée avec un grand sourire. Ce n'était pas une patiente, simplement une personne qui m'avait entendue dans une discussion sur Internet. Elle était alors sortie de sa résignation à prendre du poids avec les années, avait changé sa façon de manger et... perdu dix kilos.

Je dois souvent insister là-dessus car je vois des personnes de tous âges mettre en partie leur prise de poids sur le compte des années qui passent. Parfois même avant 30 ans ! Bien sûr beaucoup de personnes s'arrondissent avec l'âge. Or ce n'est pas l'âge en soi mais le fait de ne pas vraiment **écouter** son appétit, d'avoir l'habitude de manger un peu trop, voire d'enchaîner les **régimes** et basculer dans le **yoyo** qui fait inéluctablement prendre du poids.

Que se passe-t-il au fil des années ? Notre masse musculaire diminue progressivement, on peut le ralentir mais pas l'empêcher. Du coup, nos besoins énergétiques de base tendent progressivement à se réduire car les muscles sont davantage consommateurs d'énergie que le reste du corps. Les dépenses diminuent, alors, si les entrées (alimentaires) restent les mêmes, on grossit. Mais si l'on adapte ce qu'on mange en écoutant son appétit, il n'y a pas de raison de prendre du poids. Regardez autour de vous. Vous connaissez sûrement des personnes dont le poids/la silhouette ne varient pas, et ce ne sont pas forcément des personnes en **restriction**.

Alcool

Les boissons alcoolisées, qu'on parle de vin, bière, alcools forts, ne sont pas indispensables au corps humain. Désolée si je vous l'apprends ! Mais on peut remarquer que, aussi loin qu'on regarde dans l'histoire de l'humanité, on a toujours cherché à produire de l'alcool. Pour le goût peut-être, pour la conservation sans doute, pour les effets probablement. Les boissons alcoolisées font, pour beaucoup de monde, partie des plaisirs de la vie, des incontournables de la **convivialité** et de la fête, des éléments distinctifs de chaque **culture**. Mais certaines personnes n'aiment pas boire ou très rarement, et ce n'est pas toujours facile à faire accepter à leurs proches. Je suggère aux buveurs de respecter le choix des autres de ne pas boire, de ne pas les entraîner à tout prix quand ils n'en ont pas envie : vive la liberté !

Quand une personne me parle de sa consommation d'alcool et souhaite perdre du poids, je ne lui conseille pas de mesure drastique mais plutôt une diminution. Car arrêter totalement peut certes accélérer la perte de poids mais aussi favoriser une reprise quand on retrouve ses habitudes. Il peut être toutefois intéressant d'en faire l'expérience pendant une semaine ou deux. On prendra conscience de la place réelle des boissons alcoolisées, du comportement de l'entourage, on pourra identifier d'autres choix de boissons possibles. Sinon, je suggère de se fixer des limites, sauf circonstance exceptionnelle. En étant exigeant sur la qualité, en buvant tranquillement plutôt qu'avaler son verre à toute vitesse. En utilisant en priorité de l'eau pour se désaltérer quand on a soif.

Petite précision face à une croyance bien installée : « Ce qui fait grossir dans l'alcool, c'est le sucre. » Eh bien non ! Ce qui constitue des calories, c'est... l'alcool ! Pour mémoire, une boisson alcoolisée est obtenue par la fermentation du sucre (celui du raisin par exemple, dans le cas du vin) avec des levures : le sucre se transforme et il en reste très peu (un peu plus dans la bière et bien plus dans les vins doux). Par ailleurs, arrêtons de boire telle ou telle boisson en fonction des calories supposées. Bien sûr, à quantité égale, les alcools diffèrent. Mais on ne les boit pas tous de façon identique. Pour faire simple, un verre de vin blanc ou rouge, un demi de bière, une coupe de champagne, une dose d'alcool fort sont relativement équivalents, donc il vaut mieux choisir ce qu'on aime et le savourer sans abus.

Si vous avez l'impression de boire plus que le raisonnable, prenez le temps d'observer votre consommation et cherchez à changer vos habitudes sans fuir toute sociabilité mais en vous donnant quelques règles. Par exemple, pas de vin le midi. Ou pas d'alcool en semaine.

Ou pas plus de deux verres à un repas. Etc. Non seulement pour une question de poids mais aussi de santé. Boire un ou deux verres de temps en temps n'est pas un problème si on y prend plaisir. La modération est de rigueur en la matière si on prend soin de soi : si vous sentez que vous avez de mauvaises habitudes bien installées et que vous avez du mal à en sortir, il est peut-être souhaitable de consulter un spécialiste (un addictologue), cela n'a rien de honteux.

Allégés (produits)

Quel est l'intérêt des produits allégés ? À mon avis, aucun ! Vous imaginez peut-être qu'ils sont nécessaires pour vous faire « économiser » des calories et vous aider à perdre du poids. C'est peu probable pour différentes raisons. Parfois, la différence calorique avec un produit « normal » est minime, dans le cas du yaourt par exemple. Ou alors le fait que ce soit allégé vous fait croire que ce n'est quasiment rien et vous en mangez trois fois plus. Ou alors, c'est tellement moins goûteux que le produit originel qu'il en faut davantage pour se faire plaisir. On utilise ainsi souvent bien davantage de crème allégée que de crème standard. Et ne parlons pas du fromage allégé, une hérésie ! Si vous êtes coutumier(e) de ces produits, essayez de revenir aux authentiques, non « trafiqués » : avez-vous déjà observé la composition des produits allégés ? Regardez celle d'un yaourt aux fruits par exemple. Un aliment « de base » aura davantage de goût, vous aurez plus de plaisir, vous ferez du bien à votre corps et vous en mangerez moins.

Apéritif

Ah, tant de personnes craignent l'apéritif, culpabilisant de se jeter dessus et de se couper l'appétit pour le repas qui suit. D'autres adorent ce moment informel et le prolongent sans limite. Peut-on concilier plaisir convivial et tranquillité calorique ? D'autant que, souvent, l'apéritif ne mérite pas gustativement qu'on se jette dessus. Pour cela, le mieux serait :

– D'éviter d'avoir trop faim. En connaissant son **rythme** alimentaire, on peut ainsi prévoir d'avoir faim plutôt pour l'heure effective du repas. Du coup, on pourra grignoter juste un peu sans se couper l'appétit.

– De se renseigner sur la suite pour avoir envie de préserver son appétit.

– D'avoir un regard global et manger seulement ce qu'on apprécie vraiment.

– De ne pas manger machinalement, de garder un peu la conscience de ce qu'on avale même si on plonge dans des discussions passionnantes.

– De ne pas s'interdire d'aliments au quotidien sinon on risque de craquer si on les a sous les yeux (chips, cacahuètes…).

– De ne pas culpabiliser d'avoir mangé des biscuits apéritifs ou des cacahuètes si l'on y a pris plaisir : l'**équilibre** nutritionnel est dans la durée.

Quand vous invitez, ne prévoyez pas d'entrée si l'apéritif est copieux. Ou alors dosez la quantité et proposez de la variété pour tous les goûts. Ne le prolongez pas outre mesure. Sinon, les personnes ayant trop faim risquent de manger beaucoup et de ne plus avoir assez faim pour profiter du repas.

Il n'y a pas de fatalité
à prendre du poids
avec l'âge.

Argent

Depuis des années, on nous répète sans arrêt que bien manger coûte de l'argent, qu'il est impossible de concilier alimentation bonne et saine et petit budget. On nous a même parlé d'une « fracture alimentaire ». Je ne suis pas d'accord ! D'ailleurs, le lancement d'un panier de légumes à prix cassé il y a quelques années avait été un échec complet. Bien sûr, s'il ne reste que quelques euros par semaine pour s'acheter à manger, c'est difficile. Il existe divers dispositifs d'aide vraiment utiles dans ce cas (épiceries solidaires, banques alimentaires...). En revanche, si on a un peu plus d'argent, c'est possible. Pas facile mais possible. Je ne veux en aucun cas culpabiliser ou faire du « yakafokon », mais simplement expliquer que le sujet est bien plus compliqué que la simple question pécuniaire.

De multiples facteurs interviennent : comment on décide d'utiliser son temps libre et la place qu'on veut/peut donner aux courses et à la cuisine, un minimum de savoir-faire culinaire, l'attrait de certains produits industriels. Cela dépend de l'éducation alimentaire et culinaire qu'on a reçue ou pas, de son intérêt pour le sujet. De l'envie qu'on a de varier son alimentation et comprendre que le « bien » manger n'est pas forcément triste, que ce n'est pas une contrainte extérieure imposée et culpabilisante mais une façon de prendre soin de soi et de se faire plaisir.

Pas besoin de faire compliqué et on peut, à tout âge, facilement acquérir les bases pour faire une soupe, une quiche, des pâtes aux assaisonnements variés...

Mais il est clair qu'on ne peut pas gagner sur tous les tableaux : si on veut manger bon et pas cher, il faut accepter d'y consacrer un peu de **temps**. C'est tellement facile de mettre des lasagnes surgelées au micro-ondes et de les avaler sans y faire trop attention plutôt que de les cuisiner soi-même et pouvoir dire avec joie : « C'est moi qui l'ai fait ! »

Finalement, les principes de base, pour manger sain, BON et pas cher, c'est :

– Développer un petit répertoire personnel de recettes faciles avec des catégories d'aliments pas trop coûteux pour la majorité des repas : les œufs, aliment aux multiples facettes, les lentilles et autres légumes secs, les pâtes (pas seulement au gruyère…), les légumes de saison sur les marchés.

– Organiser ses courses et prévoir ses repas pour ne pas gaspiller. Repérer les circuits les plus avantageux – pas forcément le supermarché –, s'intéresser aux circuits courts, faire les fins de marché.

– Cuisiner avec des produits bruts de **saison** plutôt qu'acheter des produits transformés. Ou même des légumes bruts surgelés tout à fait compétitifs côté prix, qui offrent un gain de temps et évitent le gaspillage.

Si on évolue vers ces pratiques, par choix ou obligation, on constatera qu'on peut combiner raison économique et satisfaction gustative.

AS (Trois)

J'aime bien les acronymes et autres abréviations, ça m'amuse et aide souvent les patients à mémoriser un comportement ou une façon de le changer. Ainsi, j'en ai inventé un pour le **grignotage**, avec ou sans **faim**.

3 AS : ASsez / ASsiette / ASsis. Pour changer la façon de manger lors de ces moments « sur le pouce » en dehors des repas où l'on mange traditionnellement debout et à toute vitesse :

– Assez : on définit la quantité qui va suffire à se satisfaire. Soit parce qu'on a faim et on détermine une quantité propre à se rassasier sans se couper l'appétit pour le prochain repas. Soit parce qu'on a décidé qu'on avait un besoin émotionnel à combler en mangeant et on détermine quelle quantité (combien de carrés de chocolat par exemple) va être apte à apporter l'apaisement, le réconfort recherchés.

– Assiette : on ne mange pas à même le paquet, la tablette, mais on met ce qu'on a prévu de manger dans une assiette, un bol, voire sur une petite serviette, afin de visualiser la portion choisie. Car avec le paquet entier à portée de main, on risque de se resservir machinalement bien au-delà de son besoin réel.

– Assis : on s'installe confortablement dans un endroit propice à une dégustation agréable pour pouvoir savourer tranquillement ce qu'on a décidé de manger, et donc être moins tenté d'en reprendre.

Attention

Le mot attention m'évoque deux aspects distincts et l'un me plaît davantage que l'autre.

Prêter de l'attention à ce que l'on fait, manger par exemple, y être attentif, le faire consciemment, en profiter en ne faisant rien d'autre en même temps. C'est une façon de manger à laquelle j'invite mes patients, et vous aussi. Pas de panique, cela n'a pas à être obsessionnel ou permanent. Mais quand on mange quelque chose que l'on aime et que l'on y prête attention, qu'on le savoure, qu'on perçoit différentes sensations en bouche, manger est nettement plus plaisant et satisfaisant. On déguste une bouchée, puis on passe à la suivante. Mais je ne suis pas un ayatollah de l'attention totale à tout prix et je conçois qu'on puisse avoir envie, si l'on est seul, de manger avec la radio, la **télévision**, de la musique, de la lecture... On peut alors cultiver une attention partagée entre ces différentes stimulations.

Faire attention : de nombreuses personnes, surtout des femmes, affirment que, oh non, elles ne font pas de **régime**. Certes, elles ne sont pas dans un effort ponctuel et provisoire. Mais elles « font attention ». Elles sont en fait en **restriction** permanente, elles n'écoutent pas leurs envies, classent les aliments en bons (légers, non grossissants) et mauvais (surtout les gras et/ou sucrés), mangent des produits **allégés**, refusent certains mets ou invitations. On m'a parlé de femmes qui n'avaient pas mangé un gâteau pendant trente ou quarante ans, qui en avaient même oublié le **goût**. Cela peut devenir une seconde nature et on ne sait même plus si l'on aime les gâteaux... Mais parfois, après trente ans, voire quarante ans de privation, ces femmes ont un mouvement de recul et prennent soudain conscience de l'inutilité de cette privation. Elles décident de rattraper le temps perdu et prennent quelques kilos rapidement. Ou alors, elles alternent avec des phases de restriction sévère pour compenser les écarts. Certaines continuent à tenir par la volonté ou l'habitude. Ainsi, une dame de 75 ans, toute mince, me consulta car elle avait pris 3 kilos. Elle avait découvert entre autres qu'un certain fromage blanc largement enrichi en crème était beaucoup plus doux et onctueux qu'un fromage blanc 0 %. Elle n'avait plus envie de se priver comme avant. Fallait-il batailler pour 3 kilos ? Décision compliquée pour elle, nous nous quittâmes sans qu'elle ait clairement choisi.

Pourquoi faire attention, contrôler strictement son alimentation ? Bien sûr, il ne s'agit pas de basculer dans l'excès inverse, être glouton, mais de pratiquer l'**écoute** de ses besoins et d'accepter que sa **silhouette** ne soit pas forcément celle qu'on a toujours idéalisée.

B

Balance

Y a-t-il une balance dans votre salle de bains ? Il y a de grandes chances que la réponse soit oui : la grande majorité des foyers français en ont une. Mais il semble que peu de personnes aient une relation apaisée avec cet instrument. Souvent, c'est une relation d'amour/haine, d'obsession/oubli. Amour quand elle annonce un doux chiffre, égal ou plus bas que le précédent, haine dans le cas contraire. Elle suscite beaucoup d'émotions : angoisse, colère, tristesse, **culpabilité**, joie. Réfléchissez un peu : est-ce normal de se laisser guider son humeur par un simple objet et un chiffre ?

Certains en ont un usage occasionnel. D'autres, un usage obsessionnel. Certains se pèsent de temps en temps pour se rassurer sur la stabilité de leur poids, mais enterrent la balance dès qu'elle fait des annonces désagréables. D'autres ne peuvent s'empêcher de se peser trois fois par jour. Faut-il se peser ou pas ? Il n'y a pas de réponse universelle. Peut-être trouvez-vous normal de vous peser chaque matin car vous avez toujours vu votre mère ou votre père faire ainsi. Pourtant, si on se connaît, on repère aisément une prise de poids de quelques **kilos**. L'état de son corps n'a pas besoin d'un outil extérieur pour être « suivi ». Peut-être va-t-on lire un chiffre qui ne dit rien du bien-être ressenti ?

Qui va choquer par rapport à une idée qu'on se fait du poids idéal ?

Alors, à quoi bon se peser ? La balance est un repère parce qu'on ne fait pas confiance à son corps ou à ses vêtements. Parfois on s'accroche à elle parce qu'on a le souvenir pénible d'une prise de poids importante au moment où on l'avait oubliée. N'était-ce pas le contraire qui s'était produit ? Ne l'avait-on pas cachée pour ne pas avoir à affronter la montée du chiffre ? Parce que ce n'est pas le moment, parce que les circonstances de la vie sont parfois trop difficiles pour penser à cela, on se dit « Je verrai plus tard ». Mais au lieu de s'occuper de 3-4 kilos pris, on se retrouve parfois avec 15 ou 20 kilos en trop.

Dans un processus de perte de poids, on n'a pas forcément au départ de repères précis, surtout si on a l'habitude de se regarder peu ou de se cacher dans d'amples vêtements. Donc la balance peut aider à suivre une évolution. Se peser peut toutefois engendrer deux attitudes à risque :

– Je me pèse et je découvre que mon poids n'a pas bougé alors que j'attendais une perte. Voire, il a augmenté. Désespoir, tristesse et effroi, je n'y arriverai jamais, je suis vraiment nul(le). Puisque c'est comme ça, autant manger pour me consoler ! Un cercle vicieux se met en place.

– Je me pèse et j'ai perdu du poids, j'approche de mon objectif. Je suis ravi(e), je pense avoir réglé mon problème. Oh, allez, je vais m'autoriser quelques excès pour me récompenser.

L'important, c'est que la balance ne soit pas maîtresse de votre humeur. Qu'elle vous aide à comprendre ce qui se passe, ce qui marche ou pas comme façon de manger. En faisant d'abord le point sur votre comportement pour que la balance soit une confirmation plutôt qu'une révélation et que vous appreniez ainsi peu à peu à vous en détacher.

Dans tous les cas, il n'est pas utile de se peser tous les jours car de mini-variations sont inévitables et pas du tout significatives. En fonction de ce qu'on a bu, mangé, d'un peu de rétention d'eau, du moment du mois pour les femmes... Une fois par semaine paraît largement suffisant, voire plus rarement. On peut aller vers cette fréquence progressivement si c'est difficile de lâcher. En travaillant en parallèle à reprendre confiance dans ses sensations corporelles. Et en acceptant qu'être bien dans son corps et voir sa **silhouette** évoluer est plus satisfaisant qu'un chiffre. D'autant plus qu'une éventuelle intensification d'une pratique sportive tonifiante modifiera davantage le corps que le poids.

Quelle balance, si vous voulez vraiment vous équiper ? Surtout pas une balance ultra précise qui, en enregistrant les infimes variations pondérales, se transforme en machine à produire des émotions. (Génial, moins 100 grammes ! Horreur, plus 100 grammes !) La précision encourage l'obsession et entretient les idées fausses sur son rapport au corps et à l'alimentation. À éviter aussi, les balances parlantes, distributrices de bons et mauvais points. Et pas la peine d'investir dans une balance à impédancemétrie qui, sauf modèle très coûteux avec capteurs, donne une vision très imprécise de la répartition entre masse grasse et masse maigre. Et si vous faites partie des minoritaires sans balance, restez ainsi !

Bio

Vous mangez bio ? Un peu, beaucoup ? Vous êtes-vous déjà demandé pourquoi ? Cela ne paraît pas toujours très clair dans la tête des personnes que je rencontre. Est-ce que cela l'est dans la vôtre ?

Aujourd'hui, il y a sans aucun doute un effet de mode chez une partie des consommateurs et clairement une démarche marketing du côté de l'agro-alimentaire face à un filon fort rentable. Mais il y a bien d'autres raisons de manger bio, au moins en partie.

Manger bio, c'est écolo ! Il est probable que les premiers convertis au bio avaient principalement cette motivation en tête. Manger bio est mieux pour la planète. On est en train de la maltraiter, de l'appauvrir, à coups de produits chimiques, engrais, pesticides. Acheter bio, c'est soutenir le développement de davantage de cultures biologiques et donc lutter contre cet appauvrissement. Mais gardons du recul, pas la peine de basculer dans le bio à tout prix. Car beaucoup d'incohérences demeurent : de nombreux produits bio contiennent de l'huile de palme qui contribue à la déforestation. Beaucoup viennent de l'autre bout du monde, de Chine ou de Nouvelle-Zélande. Ne vaudrait-il pas mieux consommer des produits cultivés localement, si possible bio mais pas obligatoirement ? Car souvent, on peut faire confiance à des petits producteurs locaux, même s'ils ne sont pas estampillés bio, en se renseignant sur leur façon de travailler.

Manger bio, c'est bon pour la santé ! C'est peut-être l'argument qui pèse le plus aujourd'hui. Il est fort probable que l'absorption régulière de pesticides présents notamment dans les fruits et légumes traités à un moment ou un autre de leur production ne soit pas vraiment bonne pour notre santé sur le long terme. C'est très difficile à évaluer. Donc, pas de panique mais de l'attention. On peut déjà bien laver, éplucher les fruits et légumes qu'on achète. Et peut-être basculer vers le bio ou le non traité pour les plus « fragiles » (pommes, fraises par exemple) ou selon les usages (zestes d'agrume). En revanche, il n'y a pas de raison de se précipiter sur le bio industriel, aux compositions souvent complexes et pas vraiment satisfaisantes.

Parmi les idées qui paraissent moins convaincantes :

Manger bio, ce serait meilleur au goût. Certains essaient de nous convaincre de la saveur incomparable des légumes bio. Mais les études basées sur des dégustations à l'aveugle ne montrent pas de plus-value gustative notable. Si on compare le goût d'un fruit de **saison** d'un producteur local, cueilli à maturité, il sera très probablement meilleur que le même fruit, venu de loin, conservé longtemps au froid dans des circuits de grande distribution. Mais pas forcément parce qu'il est bio.

Manger bio, ce serait diététique. Bien sûr que non, cela n'a aucun rapport ! On fait parfois la confusion alors que les produits bio ne sont pas plus légers que les autres. Un hamburger bio ou des biscuits bio sont aussi caloriques que les mêmes aliments non bio !

Certaines personnes sont récalcitrantes au bio, sous prétexte que ça coûte cher. C'est vrai, le bio est un peu plus cher à produit égal, mais on n'est pas obligé d'acheter tout bio. Commençons déjà par acheter des aliments bruts pour les cuisiner. Et puis, acheter davantage de produits bio s'inscrit souvent dans une prise de conscience relative à la santé et/ou environnementale qui amène notamment à diminuer sa consommation de viande, à revoir globalement son alimentation. Il n'y aura donc pas forcément d'impact sur le porte-monnaie.

Buffet

Comment manger dans un buffet ?

Une personne qui a une relation normale avec l'alimentation mangera un peu machinalement si elle est prise par les conversations. Peut-être un peu trop. Ou au contraire elle picorera à peine car elle sera trop absorbée par autre chose. Elle ne se prendra pas la tête.

Certains ne décolleront pas du buffet. Par exemple, une personne qui a des repas souvent tristes au quotidien pourra voir cela comme une fête et vouloir tout goûter. Ou une personne timide qui cherche à se donner une contenance... Celle qui se restreint, qui est au **régime**, aura tendance à « se lâcher » et à manger tous les aliments qu'elle s'interdit ailleurs. Une personne curieuse aura envie de tout goûter simplement parce que c'est là, ou par peur de rater une sensation gustative essentielle.

Alors, que faire ? Surtout ne pas suivre un conseil régulièrement donné par les nutritionnistes, qui serait de manger avant ! Se couper l'appétit avec un œuf dur et autres fantaisies... Car la plupart du temps cela n'empêche pas d'avoir envie de manger sur place : au final, on mange davantage ! Ou sinon on se prive au milieu des canapés et verrines, et on est terriblement frustré. Il s'agit d'arriver avec une **faim** normale.

Si on est gourmand, on peut faire le tour du buffet pour repérer ce qui fait le plus envie. En se mettant dans la tête qu'on ne pourra probablement pas tout goûter et ce n'est pas si grave ! Commencer par ce qu'on préfère car c'est ainsi qu'on l'appréciera le mieux. Si c'est possible, prendre une assiette, ce qui permet d'avoir davantage conscience de ce qu'on mange si l'on a du mal à savoir quand on est rassasié. Sinon, s'efforcer de ne pas manger trop machinalement et faire le point sur son appétit de temps en temps. Si on aime le sucré, se dire qu'il y aura très probablement des desserts et qu'il serait mieux de garder une place pour les apprécier.

On peut aussi se souvenir qu'on est probablement là pour d'autres raisons que manger... et donc se désintéresser un peu du buffet. Se nourrir d'échanges largement autant que d'aliments !

Surveiller et modérer sa consommation d'**alcool**, entre autres, car elle brouille la perception de ce qui est mangé.

Mais il n'y a rien de dramatique à manger un peu trop, surtout si c'est parce qu'on se régale : on attendra ensuite le retour de la faim, quitte à sauter un repas.

C

Calories

Savez-vous que certaines personnes ont un compteur calorique dans la tête ? Elles connaissent les calories de quasiment tous les aliments. Afin de contrôler totalement l'apport de ce qu'elles mangent plutôt qu'écouter leur corps. Au début, elles sont souvent ravies de cette maîtrise mais, à la longue, cela devient une obsession qui occupe beaucoup trop d'espace mental. Elles finissent par vouloir se débarrasser de ce poids. Alors autant ne pas commencer !

D'abord, sachez qu'il vous est impossible de calculer précisément l'apport calorique dont vous avez besoin. Certes, vous avez vu des repères : une femme a besoin de tant de calories, un homme davantage. Avec Internet, peut-être êtes-vous tombé(e) sur des outils de calcul de votre besoin énergétique selon vos caractéristiques. Mais aucun de ces outils ne peut définir votre **métabolisme** et ce que vous dépensez réellement en fonction de votre activité. Tout cela, ce ne sont que des moyennes !

Pourquoi connaître les calories des plats, des aliments ? Avoir quelques repères comparatifs, pourquoi pas ? J'utilise quelquefois les calories pour donner des équivalences, entre le chocolat et la pomme par exemple, pour dédiaboliser l'un et désacraliser l'autre. Mais les calories ne devraient surtout pas être le critère essentiel du choix d'un plat. En oubliant le **plaisir**, ce dont on a réellement envie. Imaginons que vous soyez devant un menu qui affiche les calories. Vous hésitez entre deux plats, l'un vous tente davantage mais il est un peu plus calorique. Soit vous prenez celui-ci. Il est possible que vous ayez une certaine **culpabilité** en arrière-plan, qui vous empêchera de le savourer pleinement. Soit vous choisissez le plat le moins calorique. Vous êtes frustré(e) et vous risquez de compenser à un autre moment.

Par ailleurs, les calories sont une notion simpliste qui ne tient pas compte de la composition nutritionnelle des aliments et de leur effet rassasiant : compter les calories ne garantit en aucun cas d'avoir une alimentation saine et variée.

Compter les calories, c'est avoir une alimentation guidée par la tête, par des règles, et non par le goût, les envies, les préférences. C'est avoir une alimentation fonctionnelle et non une alimentation de plaisir et de convivialité. Je rêve d'une éducation alimentaire et gustative qui permette de découvrir les aliments, de les apprécier dans leur diversité et de former son **goût**. Plutôt qu'une éducation nutritionnelle qui fasse surtout connaître les nutriments et les calories.

On ne mange pas des calories, on mange des aliments !

Changement

La plupart du temps, dans un **régime**, on se lance du jour au lendemain dans une façon de manger différant de ses habitudes, restrictive, plus ou moins sévère car on veut aller vite. On perd du poids, on atteint ou on approche son objectif. Puis, satisfait, on remange comme avant. Voire on craque largement sur ce qu'on ne mangeait plus. On reprend le poids perdu, souvent davantage. Sans forcément comprendre ce qui se passe. Et bien souvent on entre dans un cercle **vicieux** alternant **restriction** et lâchage.

Je ne donne pas de régime, j'accompagne des personnes vers un changement durable de leurs habitudes alimentaires. Il s'agit de se réconcilier avec la nourriture et retrouver son juste poids. J'ai appelé ma démarche de changement les 4C. Il s'agit de quatre étapes qui me paraissent nécessaires pour adopter durablement une autre façon de manger : Constater – Comprendre – Changer – Consolider.

Constater : on prend le temps d'observer son comportement alimentaire, ce qu'on mange, quand, comment, avec qui, les variations selon les moments, les contextes, comment on se sent... La première étape peut donc être de s'équiper d'un carnet pour prendre des notes pendant quelques jours sur ces aspects.

Comprendre : sur la base de ce constat, on va progressivement comprendre ce qui motive sa façon de trop manger : sous le coup d'**émotions**, par ennui, pour faire comme les autres, parce qu'on ne sent pas qu'on est rassasié, parce qu'on veut à tout prix finir son assiette trop remplie, etc. Comprendre, cela permet de cibler les changements souhaitables.

Changer : on va le faire progressivement et pas brutalement (sauf exception : il y a parfois un déclic radical). Il s'agit de mettre en place des étapes en lien avec ce qu'on a compris, pour progressivement modifier ses habitudes alimentaires, qu'il s'agisse des quantités, du contenu de l'assiette, de l'organisation, de l'**écoute** de sa faim, de la gestion du **stress**, d'apprendre à écouter ses envies et savoir dire non, de remanger des aliments qu'on s'interdisait sans culpabiliser... En prenant en compte ses contraintes, son environnement, ses goûts.

Consolider : une fois que ces changements sont en place, il est important de les installer dans la durée, de vérifier qu'ils « résistent » à toutes les circonstances : des repas conviviaux ou festifs, des vacances, des moments de stress... Tout en ne s'inquiétant pas si on a une « rechute » ponctuelle, elle fait partie du parcours : la **perfection** alimentaire n'existe pas !

Chocolat

Le chocolat, objet de tous les fantasmes et de tant de culpabilité. Non seulement c'est gras, mais en plus c'est sucré... Quel aliment diabolique ! Mais on l'aime tellement. Très rares sont les personnes qui ne l'aiment pas mais certaines en abusent par gloutonnerie ou par besoin de réconfort. Alors, parfois, elles se mettent à le détester, à le fuir, à le chasser de leurs placards par peur de dévorer toute la tablette. Dommage pour cet aliment si délicieux. On peut apprendre à le remettre à sa place pour simplement l'apprécier et le savourer. Car le chocolat ne fait pas grossir en soi, ce n'est que l'excès (global) qui est source de prise de poids. Il fait plaisir, réconforte, régale ; ses grands crus peuvent engendrer de vrais découvertes gustatives.

D'abord, définissez le chocolat que vous aimez vraiment. Noir ou au lait ? Je ne cesse de rencontrer des personnes qui préfèrent le chocolat au lait mais se forcent à manger du chocolat noir, parfois même du chocolat à 99 % de cacao, terriblement amer... Parce qu'elles croient que c'est moins calorique. Et, comme elles le trouvent moins bon, elles en mangent moins. Alors, révélation : le chocolat noir est aussi calorique que le chocolat au lait ! Donc, mangez celui que vous aimez, la vie est trop courte pour s'en priver ! Si vous ne savez pas vous arrêter, entraînez-vous à déguster un carré avec **attention**. Ne gardez pas toute la tablette devant vous car vous risquez d'en manger une bonne part. Pas par addiction, comme on le croit parfois, mais parce que cela devient très souvent machinal après quelques bouchées. Si le chocolat (ou un autre aliment en général gras et/ou sucré) vous aide trop fréquemment à vous réconforter, à vous faire du bien quand ça va mal, ne culpabilisez pas mais envisagez d'apprendre à accueillir autrement vos **émotions**, c'est possible.

On ne mange pas
des calories, on mange
des aliments !

Cohérence

Quand une personne me demande si elle DOIT manger tel ou tel aliment, j'essaie de comprendre pourquoi elle pose la question. Est-ce une préoccupation de poids ou de santé ? Je lui fournis des informations nutritionnelles si elles existent de façon fiable. Surtout, je lui demande de préciser pourquoi ça la préoccupe, en quoi c'est important pour elle. L'acte de manger est si fréquent que la nourriture occupe forcément une place centrale dans nos vies. Il paraît donc préférable que la façon dont on envisage son alimentation soit en cohérence avec le reste de nos convictions et valeurs. Prenons par exemple une personne très soucieuse de manger sainement et de **cuisiner** des produits frais, qui boit un litre de soda light par jour. Je ne lui dis pas que c'est mal mais je la sensibilise à cette question de la cohérence : est-ce en harmonie avec le reste de son comportement ? Si elle mange sainement pour prendre soin de son corps, cela en fait-il partie ? Quand on prend le temps de réfléchir à ses motivations, de se demander ce qui compte vraiment pour soi, on peut clarifier des choix alimentaires, définir des priorités, accepter plus facilement les efforts que demande un changement d'habitudes. Cette harmonie entre sa façon de manger et sa vie en général n'est-elle pas plus importante pour se sentir bien que de suivre la dernière mode pseudo-nutritionnelle ?

Confiance

Pourquoi tant de personnes ont-elles besoin de guides, de cadres, de **gourous** de la nutrition, de directives strictes données par un **régime** fixé par quelqu'un d'autre ? Elles ne se font pas confiance ! Elles sont persuadées que, sans cadre, elles vont manger n'importe quoi, n'importe quand. Même certaines qui viennent me voir. Elles savent que je ne les enfermerai pas dans un régime et veulent justement une autre approche. Mais elles aimeraient quand même que je leur dise précisément quoi manger. Comme si, à force de faire des régimes, elles ne le savaient pas très bien. Elles ont peur de leur liberté de manger. Parfois, cette peur a des raisons d'être. Si on a eu une alimentation complètement détraquée, on croit que seules des règles rigoureuses permettront d'en sortir. Or le cadre strict ne fait souvent qu'aggraver la situation. On peut plutôt avancer pas à pas vers une façon de manger intuitive. Au fil des expériences nouvelles, des moments où l'on observe les changements dans sa façon de manger, on reconstruit peu à peu sa confiance en soi, qui permet de se détacher des diktats et des **injonctions**. Bien sûr, cette (re)construction d'une confiance en soi solide peut prendre du temps. Temps à mettre en regard de celui passé à faire des régimes et à compter les **calories**. Tout ce qu'on va peu à peu déconstruire. Retrouver cette confiance, c'est se fixer son propre cadre souple, en trouvant son propre **rythme,** en mangeant en harmonie avec son corps et ses envies.

Congélateur

Que c'est pratique pour manger varié et ne pas gaspiller d'avoir un congélateur ! Même un petit compartiment congélation. C'est un des progrès des dernières décennies, à utiliser sans excès (il ne s'agit pas de tenir un siège) mais avec reconnaissance pour les services qu'il rend. Il ne s'agit pas seulement de le remplir de produits surgelés (certains dépannent) mais aussi de congeler des aliments bruts prêts à l'emploi ou sa production maison. Cela permet :

– De ne pas manger le même plat trois jours d'affilée quand on a des restes, en les congelant sans attendre.

– De profiter des moments disponibles pour **cuisiner** en quantité importante et congeler des portions *ad hoc* pour un déjeuner ou dîner à venir.

– D'avoir ainsi de bons plats maison tout prêts, juste à réchauffer, quand on n'a pas envie ou pas le temps de cuisiner.

– De ne pas gaspiller quand on a préparé un plat en excès, ou de ne pas se forcer à finir pour ne pas gâcher.

– De ne pas s'empêcher de faire certains plats ou desserts qu'on assimile à une grande tablée, simplement parce qu'on est seul ou à deux : à nous les lasagnes, le tajine ou le gâteau à l'orange, ils se congèlent très bien. Juste un conseil : ne congelez pas des pommes de terre, le résultat n'est pas probant.

– De limiter la fréquence des courses en préparant à l'avance des légumes coupés et éventuellement blanchis, du bon pain tranché, etc.

Il ne s'agit pas de faire des stocks gigantesques mais plutôt de gérer une consommation décalée de quelques jours ou d'une à deux semaines, en faisant tourner régulièrement les plats qu'on congèle plutôt que les oublier.

Conscience

Laissons de côté la bonne et la mauvaise conscience. La bonne conscience qu'ont beaucoup de personnes quand elles se forcent à manger des légumes vapeur ou à rentabiliser leur abonnement à la salle de sport. En avaient-elles vraiment envie ? Ou la mauvaise conscience d'avoir mangé une pizza ou un peu trop de chocolat. Ne culpabilisez pas ! Je pense plutôt ici à ce qu'on appelle depuis quelques années la pleine conscience (« *mindfulness* » en anglais). On peut sans doute enlever l'adjectif « pleine » et parler déjà de conscience : ce serait bien si on faisait davantage d'actes de notre quotidien consciemment et pas machinalement. En étant dans la perception de nos cinq **sens**. Manger par exemple. Pas à chaque minute d'un repas, pas de façon permanente mais aussi souvent que possible pour apprécier vraiment ce qu'on mange. Plutôt qu'être perdu dans ses pensées qui font ressasser des moments du passé ou gamberger sur l'avenir. Pas la peine de devenir un adepte de la méditation ou du yoga pour développer sa conscience du moment présent. Manger est une des activités que l'on peut assez facilement s'entraîner à pratiquer en conscience. On peut aussi choisir d'être dans la perception sensorielle du présent pour d'autres activités du quotidien :

la douche, une promenade dans la nature, même le moment de la vaisselle ou un trajet en métro.

Consommateur

Pensez-vous parfois au pouvoir que nous avons en tant que consommateurs ? Tous les jours ou presque, nous faisons des achats, dont un grand nombre alimentaires, au magasin du coin, à l'hypermarché, au marché, etc. Ces achats ne sont pas anodins. Avez-vous déjà fait le lien entre vos convictions personnelles, sociales, économiques, environnementales, éthiques, politiques… et votre façon d'acheter ? Peut-être certains d'entre vous sont-ils pleinement satisfaits du monde dans lequel nous vivons. Je crois que beaucoup de personnes ne le sont pas. Réalisent-elles qu'elles ont un réel pouvoir de le faire évoluer en décidant à qui elles donnent leur argent ? Décider d'acheter à des petits producteurs, à des artisans, à des personnes en qui l'on a confiance. Décider de ne plus acheter les produits d'une marque qui détruit l'environnement ou traite mal ses salariés, éviter telle chaîne de cafés ou restaurants qui a visiblement un comportement non civique, c'est en notre pouvoir. Réfléchissez à vos achats : sont-ils en **cohérence** avec ce qui est vraiment important pour vous ? Le choix de privilégier certains produits, circuits, provenances et d'en abandonner d'autres est une part de notre liberté de citoyen. Et pas forcément coûteuse, au contraire. Nous avons ce pouvoir, utilisons-le. Bien sûr, cela demande un effort de réflexion, d'information, de l'énergie pour changer des habitudes. Cela peut se faire pas à pas.

Par catégories d'achat, en commençant par ce qui est le plus facile ou le plus important. Mais est-ce que l'on ne se sent pas mieux quand on aligne ses actes avec ses convictions ?

Convivialité

En France, comme dans beaucoup d'autres pays, notamment méditerranéens, le partage fait partie du **plaisir** de manger. Il est profondément ancré dans notre **culture**. La plupart des moments importants de la vie sont organisés autour de la table : anniversaire, mariage, enterrement, retrouvailles avec de vieux amis... Surtout ne le regrettons pas, cette convivialité fait partie de nos traditions, de nos sources de joie, de nos liens avec les autres. Elle contribue à notre éducation alimentaire et nous protège partiellement de « l'épidémie » de surpoids et d'obésité présente dans de nombreux pays occidentaux. Car nous gardons majoritairement des repas structurés, à table. Manger de façon conviviale n'empêche pas de prêter attention à ce que l'on a dans son assiette : on développe une attention partagée, à ce qu'on mange et à ce qui se passe/se dit autour de la table.

Mais je me demande si cette convivialité n'est pas fragilisée aujourd'hui par la multiplication des choix alimentaires individuels. Il devient plus compliqué de partager un repas sereinement. Les mangeurs végétariens, vegan, sans gluten, sans sucre, allergiques aux œufs, etc., plus nombreux et plus affirmés, vont-ils avoir raison des repas partagés autour d'un bon plat sans prise de tête ? Obligeront-ils le maître ou la maîtresse de maison à des contorsions de menu pour satisfaire tout le monde ?

Il ne s'agit pas de remettre en cause des choix individuels. Mais ils semblent parfois un peu rigides. Ne serait-ce pas aux mangeurs (hors problèmes de santé avérés) de faire preuve d'un peu de souplesse et d'attention pour la personne qui reçoit ? Et à celle-ci de faire simple en se disant que celui qui ne mange pas d'un plat ou d'un aliment se rattrapera sur les autres ?

Corps

Ah ! ce corps qui nous pose tant de soucis... Connaissez-vous des femmes qui sont vraiment totalement satisfaites du leur ? On trouve toujours quelque chose qui ne colle pas avec nos exigeants critères. Ce n'est pas juste ! Il n'a pas à être systématiquement dévalorisé par notre tête, nous sommes un tout. De plus, notre corps est une mécanique très bien régulée qui sait précisément ce dont elle a besoin. Le problème, c'est que beaucoup de femmes n'acceptent pas leur **silhouette**. Ou très tardivement. Combien de patientes me disent aujourd'hui : « Si seulement je pouvais retrouver le poids que j'avais quand j'ai commencé mon premier régime (à 8, 12, 15, 20 ans...) car je me trouvais trop grosse alors. » Quand elles revoient les photos, elles réalisent qu'elles étaient seulement « normales ». Mais les images de minceur omniprésentes ou des commentaires déplacés de l'entourage les avaient convaincues du contraire.

Nous pouvons développer notre indulgence, arrêter un peu de critiquer notre corps, accepter ce que la nature nous a donné sans vouloir être à tout prix plus mince, plus filiforme, plus musclé... Accepter qu'être une femme c'est avoir un peu de chair et pas seulement la peau sur les os. Accepter qu'être un homme ce n'est pas forcément avoir une carrure de déménageur. Si on traitait ce corps avec gentillesse et respect, en en faisant un ami, en le réconciliant avec la tête ? Si on se rendait compte qu'être bien dans son corps, ce n'est pas une question de poids ?

Couple

Souvent, on croit que l'**âge** fait prendre du poids. Pas du tout. En revanche, les étapes de la vie ont sans doute un impact sur notre façon de manger. Un jour, je me suis demandé par exemple si être en couple faisait prendre du poids. Ou en perdre ?

Parfois, l'un ou les deux prennent du poids. Si le conjoint rentre tard, on grignote en l'attendant. On veut lui faire plaisir en cuisinant ses plats préférés, plutôt « consistants ». On multiplie les dîners entre couples d'amis, copieux et arrosés. On laisse un peu tomber l'assiduité à la salle de sport car on préfère passer du temps à deux, etc.

Certaines femmes sont davantage concernées. Par exemple, des femmes qui avaient l'habitude de grignoter le soir, de manger juste un yaourt et une pomme pour aller vite et par manque d'envie de **cuisiner**. Celles qui étaient raisonnables, très attentives à leur ligne dans un but de séduction. Et carburaient aux légumes, poisson vapeur et compagnie. Alors, en se mettant en couple, la restriction se relâche. On adopte les habitudes de son conjoint, qu'il soit bon vivant, fan de repas copieux au restaurant ou adolescent attardé se nourrissant de pizzas ou de cordons bleus. Parfois, oubliant leurs sensations alimentaires, elles s'habituent à manger les mêmes quantités que l'homme par souci d'égalité.

Mais ce n'est pas le cas de tout le monde. Il y a aussi des personnes qui perdent du poids quand elles vivent en couple. Avant, on grignotait en solitaire devant la télé, et le paquet de gâteaux pouvait y passer. On n'avait aucune envie de cuisiner pour soi, on se faisait livrer une pizza pour quatre et on la mangeait en entier. Maintenant, on ne pense plus à manger, on vit quasiment d'amour et d'eau fraîche. On ressort ses livres de cuisine super saine pour impressionner l'autre. On mange ensemble à table en prenant son temps et on sent mieux le moment du rassasiement. On retrouve le plaisir de bouger en se mettant à jouer ensemble au tennis, au badminton, etc.

Attention, mesdames ! N'entrez pas en restriction alimentaire pour affiner sérieusement votre silhouette de manière à satisfaire votre conjoint qui n'aime que les femmes ultra minces. Rebellez-vous ! Si votre conjoint surveille de près tout ce que vous mangez façon gendarme, comme le faisaient peut-être déjà vos parents, ne vous laissez pas faire ! Expliquez-lui qu'avec votre esprit de contradiction, cela vous donne encore plus envie de manger. C'est à VOUS de décider ce qui est bon pour vous !

Quand on vit à deux, l'important est de trouver un équilibre, être à la fois curieux des usages de l'autre, et ne pas s'oublier, en gardant l'habitude de se recentrer sur ses besoins, son rythme, ses goûts.

Craquage

Il vous arrive de craquer sur un aliment ? De le manger sans faim, en quantité importante, en en pensant du mal ? Il peut s'agir de chocolat, de fromage, de saucisson, de biscuits, d'un paquet de chips ou de bonbons. Plus souvent des aliments gras ou sucrés que des carottes râpées ! Ce sont des moments où l'on mange parce qu'on n'a pas trop le moral, parce qu'on veut se faire du bien ou parce qu'on s'est trop restreint. J'ai appelé cela craquage mais on peut aussi penser lâchage, pulsion, compulsion, crise, **envie** irrésistible, ou même **gourmandise**. Les mots varient, la situation est assez similaire : une envie de manger impérieuse sans avoir faim, qui rend impossible de penser à autre chose, l'impression qu'on ne domine plus son comportement. C'est souvent accompagné d'une tentative de lutte sans succès. Et suivi d'un sentiment de **culpabilité** et parfois d'un inconfort physique selon la quantité absorbée. Il n'est pas facile d'en parler de façon générale car chaque personne a ses moments et ses déclencheurs particuliers. Toutefois, plusieurs choses sont importantes à dire. La culpabilité ne sert qu'à vous faire aller plus mal encore, et donc souvent à vous faire remanger. Ne vous dites pas que c'est nul et que vous ne devriez pas, essayez plutôt de comprendre pourquoi vous le faites. Peu à peu, quand c'est possible, essayez de mettre des mots sur ce que vous ressentez au moment où vous avez envie de manger. Il peut notamment s'agir d'une **émotion** que vous voulez fuir, d'un besoin de détente, de la nécessité de faire une pause, d'un moment d'ennui, etc.

Créativité

Beaucoup de personnes ont l'impression de manquer d'idées pour leurs repas, de manger toujours la même chose, de n'être pas du tout imaginatives concernant ce qu'il y a dans leur assiette. Elles sont tourmentées régulièrement par la question : « Qu'est-ce qu'on mange ce soir ? » Alors que les possibilités culinaires sont illimitées ! Il ne s'agit pas forcément d'être l'égal d'un chef ou de surcharger sa bibliothèque de livres de cuisine mais d'apprendre à faire confiance à ses ressources créatives. Ainsi, si on a acquis quelques techniques de base comme savoir préparer une soupe, une tarte, un gratin, un plat mijoté, etc., on peut les décliner selon les ingrédients disponibles, l'envie du moment, la saison, ses préférences, un mariage de parfums, d'épices et d'aromates, etc. On peut se lancer sans peur, faire des essais. Bien sûr, ce ne sera pas un régal à tous les coups mais c'est ainsi qu'on progresse. On peut commencer par lister tout ce qu'on aime, tout ce qu'on a déjà **cuisiné** avec plaisir et, peu à peu, changer un ou deux ingrédients, essayer des aliments inhabituels, inconnus et élargir ainsi progressivement sa palette culinaire. Prenons l'exemple des pâtes. Imaginons qu'on ait l'habitude d'en préparer à la sauce tomate ou au fromage. On pourrait aussi en été y mettre des tomates cerise, des courgettes, des aubergines, à l'automne, de la courge ou des champignons, en hiver, des poireaux ou des brocolis. Marier cela avec du fromage, de la saucisse, des crevettes, du jambon… Par exemple des brocolis et des anchois, des crevettes et des courgettes, des poireaux et de la saucisse… Laissez faire votre imagination !

. . . .

Être bien dans son corps, ce n'est pas une question de poids.

. . . .

Croyances (alimentaires)

Voici quelques phrases que vous avez sans doute déjà entendues.

« Manger des pâtes fait grossir. »

« Le petit déjeuner est le repas le plus important de la journée. »

« Le chocolat noir, c'est mieux que le chocolat au lait. »

« Il faut éviter les carottes, elles sont pleines de sucre. »

« L'ananas fait maigrir. »

« Il ne faut pas manger de fromage le soir. »

« Tout ce qu'on mange après 18 heures, on le stocke. »

« Il ne faut surtout pas sauter de repas. »

Peut-être les considérez-vous comme des vérités car elles émanent de sources jugées sérieuses. En fait, je dirais que ce sont plutôt des croyances, des idées colportées de-ci de-là : vous croyez que c'est vrai. L'avez-vous vérifié ? Moi, je préfère vous informer que tout cela est faux ! Mais pourquoi me croire sur parole ? Quand une croyance est bien ancrée dans la tête, il est inutile d'affirmer le contraire, ce n'est pas ce qui marche le mieux, quel que soit le statut d'expert qu'on peut avoir. Alors, face à ces idées reçues, j'explique, j'informe, je donne des repères, mais surtout, je suggère d'EXPÉRIMENTER pour voir par soi-même l'effet que cela fait. Par exemple, on peut mincir en mangeant des féculents à tous les repas : quand je dis cela, beaucoup sont sceptiques. Donc je propose de tester (selon sa faim et ses envies, ce n'est pas une obligation non plus...) pour montrer ce qui se passe « en vrai ».

Cuisiner

Un livre parlant d'alimentation peut-il oublier la cuisine ? Pour moi, bien manger passe naturellement par le fait de cuisiner, de manger des plats faits maison, même simples. Mais peut-être est-ce pour vous une corvée, une galère, que vous redoutez ou détestez, surtout quand vous rentrez le soir. Ce n'est pas une fatalité. D'abord, essayons de comprendre ce qui vous ennuie dans la cuisine. Peut-être est-ce :

– Le manque d'idées, l'impression de tourner en rond, de manger toujours la même chose.

– Le manque de disponibilité pour faire les courses dans un emploi du temps surchargé.

– Le manque de savoir-faire pour cuisiner quelque chose de bon, l'impression que vos plats sont insipides et banals.

– Le manque de temps pour préparer les repas ou l'urgence de manger car vous avez trop faim pour vous mettre à cuisiner.

– Le manque d'espace, une micro-cuisine, peu d'**ustensiles**.

Sans être nostalgique (d'un temps que je n'ai pas connu...), je regrette qu'il n'existe plus de cours de cuisine à l'école, qui avaient l'avantage d'inculquer à tout le monde, même ceux qui n'avaient aucune transmission culinaire familiale, les mêmes bases. En effet, beaucoup de personnes ont appris des gestes, des recettes, des astuces par leurs parents, leurs grands-parents. Mais c'est loin d'être le cas de tout le monde. Des parents trop peu présents, une mère qui rejette la cuisine qu'elle ressent comme une contrainte anti-féministe, le développement de l'agro-alimentaire ont pu empêcher l'acquisition de ces bases. On retrouve ainsi des jeunes adultes en panne totale de savoir-faire culinaire. Une patiente me révéla un jour qu'elle n'avait aucune idée de comment on faisait une soupe... Mais ne baissons pas les bras !

Si je prends mon exemple, je suis partie de loin : j'ai quitté la demeure familiale lors de mes études avec, pour tout bagage culinaire, le gâteau au yaourt et l'œuf au plat. Des années plus tard, je n'ai vraiment pas la prétention d'être une grande cuisinière mais au fil de quelques bons livres de cuisine, de recettes testées et déclinées, de lecture de blogs et d'essais improvisés, je peux dire que ce que je cuisine est à peu près toujours savoureux. Aucun cas n'est désespéré ! Mais, comme tout apprentissage, cela peut requérir entraînement et persévérance. Il s'agit de cuisiner, cuisiner, encore cuisiner sans se décourager : le progrès ne vient que de l'expérience !

Les idées : il y en a des millions dans les livres de cuisine, sur Internet... C'est trop, justement, on se sent submergé. Commencez par lister ce que vous aimez manger, les aliments, les plats. Ceux que vous savez cuisiner, ceux dont vous pouvez demander la recette à un proche. Feuilletez les livres que vous avez sous la main. L'important, c'est de trouver des **recettes** que vous aimez (pour avoir envie de les faire) et qui sont adaptées à votre niveau de savoir-faire (pour prendre confiance en vous). Une recette simple, c'est une recette courte et claire, bien expliquée, dont les étapes sont suffisamment détaillées, avec un nombre limité d'ingrédients, pas trop rares. Listez-en quelques-unes pour poser les bases de votre répertoire culinaire.

Les courses : prenez votre temps pour réfléchir à ce sujet qui n'est pas simple dans le monde d'aujourd'hui. Le supermarché ou l'hypermarché est souvent perçu comme la solution la plus pratique mais est-elle satisfaisante côté qualité et même prix ? Quelle est l'alternative ? Pouvez-vous avoir des tuyaux par vos proches ? Quelles sont vos disponibilités ? Avec quelle fréquence pouvez-vous faire vos achats ? Pouvez-vous dissocier le frais et le non périssable ? Il s'agit de trouver le meilleur équilibre entre divers critères : la praticité, le choix, le prix, la qualité, la possibilité d'acheter tout au même endroit...

Le **temps** : qui ne souhaiterait pas que les journées durent plus de vingt-quatre heures ? ! Pourtant, si on enlève, de façon schématique, huit heures de sommeil et huit heures de travail, il reste quand même huit heures (avec des incontournables comme les transports, l'hygiène...). Sans doute la sensation de manque de temps est-elle une question de choix de priorités et d'organisation. À quel point est-ce important pour vous de faire une cuisine maison variée ? Pouvez-vous déléguer ou vous faire aider ? Pouvez-vous cuisiner le soir ou le week-end pour avoir une quantité disponible pour plusieurs jours ?

Enfin, avec un peu de discipline, on peut préparer beaucoup de plats malgré le manque d'espace et un équipement minime.

Tout cela n'a pas pour but de vous culpabiliser, surtout pas, mais de vous donner **confiance** dans votre capacité à changer votre relation à la cuisine... si vous en avez envie !

Culpabilité

Ah, la culpabilité ! Tellement présente dans notre monde et polluant sérieusement notre rapport à l'alimentation. Sans doute prospère-t-elle au carrefour d'un souci de **perfection** et d'une morale du bien et du mal issue de la religion. Elle est très souvent ressentie par les personnes qui ont l'impression de trop ou « mal » manger. Elles se font une idée de ce que serait « bien manger », alimentée par les règles nutritionnelles, les injonctions, les conseils alimentaires tous azimuts. L'écart entre cet idéal et leur comportement réel crée la culpabilité. Elles pensent en particulier beaucoup de mal des aliments gras et/ou sucrés qu'elles appellent « cochonneries » ou « bêtises ». Et puisque ce sont de « mauvais aliments », on culpabilise de les manger. Du coup, si on décide d'en manger pour se réconforter, cela ne marche pas car on gagne de la culpabilité au lieu du réconfort attendu ! On ne se sent pas bien, on se dit qu'on n'aurait pas dû, qu'on a aucune **volonté** pour résister. Et plus on le fait, plus on culpabilise, plus on est malheureux... La culpabilité ne sert donc à rien sauf à aller plus mal qu'avant. Il n'est pas facile de s'en dégager, surtout si on a une histoire alimentaire riche en alternance de restriction et de lâchages. Mais je suggère de troquer un C pour un autre C : Comprendre plutôt que Culpabiliser. Comprendre pourquoi on a eu besoin de manger ainsi. L'important, c'est d'analyser, même après coup, ce qu'on ressentait, le besoin qu'on avait, pour petit à petit vivre différemment ce type de moments, changer sa façon de réagir, ne pas toujours chercher à éviter un ressenti inconfortable mais ne pas culpabiliser de manger si c'est la meilleure réponse possible.

Culture

Quand on mange un plat, c'est un petit bout d'une culture qu'on avale. La nôtre est riche de traditions, de savoir-faire culinaire, gastronomique, de métiers de bouche : boulanger, pâtissier, maraîcher, charcutier, fromager, etc. Sans être nostalgique ni rétrograde, je suis inquiète de certains traits de l'époque. Il est clair qu'on observe un regain d'intérêt pour la cuisine et la gastronomie. Mais, derrière tous les régimes « **sans** », les obsessions santé, les **super-aliments** exotiques, je vois aussi se développer une vision très fonctionnelle, utilitariste, de la nourriture. Une vision qui nous vient majoritairement de pays anglophones. Or ce sont – désolée si je vous choque – des pays à la culture gastronomique peu ancrée. Certes, on peut par curiosité essayer de faire des gâteaux sans sucre, sans beurre, sans œuf, sans farine, ou goûter un pudding de graines de chia. Mais à fuir des ingrédients usuels, à ne penser que protéines ou omega 3, ne risque-t-on pas de perdre un peu de notre culture alimentaire ? Est-ce qu'un jour, on ne saura plus faire la crème caramel ou la quiche lorraine ? Est-ce qu'on ne saura plus affiner des fromages au lait cru ? Est-ce qu'on verra disparaître le pâté en croûte ? Bien sûr, les pratiques, les traditions sont faites pour évoluer, s'ouvrir à des influences, se mélanger (voir la place du couscous et du hamburger aujourd'hui). Mais quelle tristesse si on oublie les acquis antérieurs, ce sera un peu de culture qui s'évanouira, peut-être définitivement...

D

Demain

De quoi sera faite notre alimentation demain ? Les prévisions affluent (et on sait combien les prévisionnistes se trompent). Se nourrira-t-on d'insectes ou de viande totalement synthétique ? Deviendra-t-on tous végétariens ? L'alimentation industrielle se généralisera-t-elle ou redécouvrira-t-on le plaisir de cuisiner ? Aura-t-on recours à des plats lyophilisés ou cultivera-t-on son potager ? Verra-t-on les problèmes d'obésité s'accroître au niveau mondial ou un retour à une sagesse alimentaire ? Vivra-t-on dans une société des extrêmes généralisée sur le modèle américain, super *healthy* contre *junkfood* ?

J'oscille entre optimisme et pessimisme. L'avenir est en bonne partie entre nos mains. Nous avons beaucoup de pouvoir, celui, par exemple, de manger local, **bio**, moins de viande, moins de produits transformés... Bien sûr, cela peut demander de changer ses habitudes, peut-être de consacrer plus de **temps** à faire ses courses ou préparer ses repas. Mais n'est-ce pas préférable à se sentir impuissants ? Peut-être ne choisirons-nous pas, et les contraintes énergétiques, écologiques et économiques nous dicteront de nouveaux comportements. Redécouvrirons-nous le troc : je te donne des légumes, tu me fais du pain et des gâteaux ?

Detox

Le monde de l'alimentation et du bien-être n'est jamais à court de créativité pour vendre. Je n'en peux plus du mot « detox » employé à longueur de recettes soi-disant saines pour attirer le chaland. La moindre salade, pour peu qu'elle contienne du quinoa ou une graine plus rare, est « detox ». Le moindre jus pomme-citron est « detox ». C'est devenu un mot d'appel pour les femmes (surtout) voulant faire du bien à leur corps. La detox recouvre tout un éventail de pratiques alimentaires allant des plus restrictives (le jeûne à base de bouillons ou la cure de jus comme seule nourriture) à des menus variés supprimant les composants jugés toxiques (viande, beurre, laitages, **sucre**, **gluten**...) pendant plusieurs semaines.

Vous mangez ainsi (ou vous vous passez de manger !) et vous gagnez un corps tout neuf, nous affirme-t-on. Ce ne serait pas un peu de l'intox, la detox ? On prétend « nettoyer » votre organisme de tout ce qui l'aurait intoxiqué. Car on essaie de vous faire croire que votre corps a accumulé toutes sortes de déchets malsains dont il n'arrive pas à se débarrasser. Alors qu'il rejette naturellement ce qui ne lui convient pas ou qu'il n'utilise pas. Le foie et les reins accomplissent de façon permanente leur travail pour que les substances inutiles à notre corps soient éliminées. S'ils ne marchaient pas, vous auriez vite fait de vous en rendre compte tant ils sont indispensables... C'est cela qui relève en bonne partie de l'intox. Buvez des jus si vous en avez envie, mais n'en faites pas votre seule nourriture !

Je mets un bémol. Si vous avez une alimentation variée, à base de bons produits, il vous suffit de continuer. Si vous avez en revanche des repas lourds et bien arrosés, une alimentation très riche, déséquilibrée, industrielle, en permanence, vous devez en ressentir des désagréments. Dans ce cas, il peut être utile de mettre un peu au repos votre système digestif. Pas forcément en arrêtant de manger. Pas la peine de penser « detox ». En faisant léger naturellement. Il suffit d'écouter ce dont votre **corps** a envie. Peut-être réclame-t-il une journée de bouillon ou de compote. Ce que vous pouvez faire vous-même à bas prix plutôt que payer une cure coûteuse. Toutefois, plutôt qu'une alternance d'excès et de diète, qui finit par fatiguer le corps, ne serait-il pas intéressant de **changer** durablement ses habitudes alimentaires pour trouver un bien-être permanent ?

Digestion

Avez-vous une bonne digestion ? Sortez-vous de table avec une sensation de légèreté ou, parfois ou régulièrement, de lourdeur, des ballonnements, une envie de somnoler ? Quand on a l'impression de mal digérer, ce n'est pas une fatalité, et plusieurs pistes peuvent être explorées.

Est-ce qu'on mange au-delà de son appétit ? Si on aime les grosses portions, qu'on se force à finir son assiette, il se peut qu'on aille au-delà de sa satiété et il en résultera une sensation de lourdeur due à la quantité.

Est-ce qu'on mange vite et surtout sans beaucoup mâcher ? La digestion commence dans la bouche, avec les dents et la salive, donc elle peut être perturbée si cette étape est bâclée.

Est-ce qu'on a une alimentation à base de plats très gras, lourds (plats avec beaucoup de sauce, fritures, plats à base de fromage fondu) ? L'organisme a tendance à les digérer plus lentement et plus difficilement, d'où une sensation de lourdeur persistante.

Est-ce qu'on a l'impression que la digestion est plus pénible quand on est tendu, stressé ? Ce n'est pas en général la cause principale mais cela peut être un facteur aggravant.

Si aucun de ces facteurs n'entre en jeu, la sensation d'inconfort peut être due à un système digestif fragile, un **intestin** sensible ou des aliments peu tolérés ou les deux. Il peut s'agir d'une faible tolérance au **gluten** (mais ce n'est pas toujours lui, on le condamne un peu vite !), aux **FODMAP** ou à certaines catégories d'aliments (les classiques : le poivron, l'oignon, les choux, les légumes secs, etc.). Il est important de les identifier pour diminuer leur consommation, en fréquence ou en quantité, ou la faire en en assumant les conséquences.

Ce ne serait pas un peu
de l'intox, la detox ?

Diversité

Cherchez la diversité dans la vision qu'on nous propose de la femme, vous allez avoir du mal à la trouver ! On voit au fil des pages de magazines des femmes de plus en plus minces, voire maigres. Plus, de temps en temps, de façon revendicative, des femmes rondes, très rondes. Mais la femme « moyenne » ou la femme dans toute sa diversité, où est-elle ? Dans la « vraie vie » bien sûr, mais jamais érigée en modèle. Comme si décennie après décennie, c'était toujours la même rengaine : jolie = mince. Non ! Toute personne peut cultiver son charme quelle que soit sa **silhouette** !

Ne jugeons pas durement les personnes qui font une taille 50. Mais ne traitons pas non plus les maigres de « sacs d'os », elles souffrent aussi parfois. Acceptons TOUS les corps ! Promouvons la diversité des silhouettes en acceptant la nôtre même si elle n'est pas taille 34 ! Alors, s'il est encore temps, ne commencez pas le premier régime ! Réconciliez-vous avec votre corps, chouchoutez-le, soignez-le, habillez-le joliment pour le mettre en valeur sans le cacher.

Domino (cuisine)

Quand on se retrouve, à la fin d'un repas, avec un aliment, un plat en trop grande quantité parce qu'on a, volontairement ou non, trop cuisiné, on n'a pas forcément envie de refaire exactement le même repas le lendemain, de manger les restes. On peut souvent les congeler pour plus tard. Mais on peut aussi les transformer en un autre plat. Vous connaissez le jeu de dominos ? On assemble la moitié d'un domino avec un autre et ainsi de suite. Eh bien, on peut faire pareil avec la cuisine. Comme un reste de pot-au-feu qui, avec oignons et assaisonnement, fournit une délicieuse salade. Ou un reste de riz nature cuit qui donne une fraîche salade avec concombre, tomates, herbes ou un riz cuisiné style cantonais. Un reste de boulgour ou de quinoa qui, avec un œuf et un peu de liant style crème, peut se transformer en galettes ou boulettes dorées à la poêle. Des légumes variés qui se transforment en soupe, des pâtes en gratin... C'est ça la cuisine domino : on ne **gaspille** rien et on fait un repas différent.

E

Écart

Ah ! le mot écart, il appartient au vocabulaire des **régimes**. « Oh, zut, j'ai fait un écart. » « J'ai le droit à deux écarts par mois. » « J'ai fait quelques écarts, j'ai mangé de la pizza, bu un peu de vin... » Pour ma part, je raye ce mot du vocabulaire alimentaire. Soit il concerne un type d'aliments qu'on **culpabilise** de manger et ce n'est pas justifié. Manger normalement, c'est manger de tout, y compris des gâteaux, de la pizza, du fromage... Soit il concerne un excès quantitatif et cela fait partie de la vie, qu'il s'agisse de temps en temps de se réconforter ou de faire honneur à un repas festif ou inhabituel. Donc ne parlons pas d'écart par rapport à un chemin diététiquement borné mais de la vie avec ses circonstances variées !

Écoute

Le mot écoute, je ne saurais dire combien de dizaines de fois je l'utilise dans une semaine ! Et d'ailleurs, si je demande à une personne venue me consulter ce qu'elle retient de notre premier échange, c'est souvent ce mot qui revient : s'écouter. Parce que la personne a soudain pris conscience qu'elle s'écoutait peu, voire pas du tout. Peut-être a-t-elle oublié de le faire car elle est engloutie par trop de tâches et de préoccupations, peut-être a-t-elle intégré dans ses jeunes années la connotation péjorative qu'on accole parfois au mot : « Oh là là, celle-là, qu'est-ce qu'elle s'écoute... »

Mais c'est quoi, l'écoute ? C'est réapprendre à écouter ses sensations de **faim** et de **rassasiement** plutôt que des repères extérieurs, une assiette, des grammages et reprendre ainsi confiance dans les signaux de son corps. C'est écouter ses **envies alimentaires** et se rendre compte qu'elles assurent une saine variété la plupart du temps. C'est écouter les messages de son corps plus globalement et notamment en cas d'inconfort émotionnel. C'est écouter ses différents besoins et leur apporter une réponse appropriée : la fatigue, la soif, le besoin de faire une pause, de se reposer...

Et il y a mon écoute : plutôt que bombarder de conseils standards et de règles strictes, je préfère prendre le temps nécessaire pour écouter une personne, apprendre à la connaître, à la comprendre pour l'accompagner de façon adaptée.

Éducation

La façon dont on mange comprend une part intuitive et une part à éduquer. D'un côté, le bébé (dans la très grande majorité des cas) est naturellement régulé dans ses sensations de faim et de rassasiement. Il adapte spontanément ses prises alimentaires en fonction de la densité calorique des aliments. Il est souhaitable de laisser l'enfant préserver cette autorégulation. Donc ne pas lui servir des portions inadaptées ou l'inciter fortement à finir son assiette, ne pas lui donner un exemple de repas pris en quatrième vitesse, ne pas contrôler ses quantités quand il grandit et dit qu'il a vraiment faim.

Pour le reste, la **famille** a un rôle éducatif à jouer, dans le domaine alimentaire comme ailleurs. Cela veut dire faire découvrir, faire goûter, donner l'envie de la **variété**. Les bébés ont une attirance naturelle de survie pour les aliments gras et sucrés car ce sont les plus nourrissants. L'enfant qui grandit continue souvent à préférer les aliments doux et denses, les féculents par exemple. Mais on peut développer peu à peu son goût d'autres aliments. À condition d'abord qu'il y ait une diversité à table. Que les parents mangent de tout avec plaisir. Familiariser ainsi progressivement l'enfant avec les aliments. Encore mieux, si on peut, faire le marché avec lui, l'associer à la cuisine, avec des tâches adaptées à chaque âge. La variété, cela veut dire manger de tout, sans catégoriser les aliments comme bons ou mauvais. Ne pas faire de certains aliments des récompenses : « Si tu manges tes légumes, tu auras du dessert. » Ne pas interdire à un enfant certains aliments, car cela pourra renforcer son envie et le pousser à « se lâcher » quand il en aura devant lui, chez des amis, les grands-parents, etc.

L'éducation alimentaire nécessite aussi une certaine persévérance. L'enfant n'aime pas la nouveauté et va souvent rejeter un aliment les premières fois. On renonce alors que plusieurs études ont montré qu'il fallait sept à huit présentations d'un même aliment pour qu'il soit accepté. C'est ainsi que l'enfant se familiarise avec lui et finit souvent par l'aimer autant que les autres. Tout cela de façon à la fois cadrée et souple : ni un comportement autoritaire ni un comportement laxiste laissant l'enfant décider de ce qu'il mange ne donne des résultats satisfaisants. Les parents peuvent éduquer le goût de leurs **enfants** en leur faisant découvrir de multiples aliments mais ils ne maîtrisent pas toutes les conséquences. Il y a une part de mystère dans les **préférences** de chacun. Certaines mères se désolent que leur enfant préfère la purée en flocons à celle amoureusement faite maison ! Les parents devraient en tout cas inciter sans forcer, surtout ne pas transformer la table en lieu de tension.

Il me semble donc que c'est en premier lieu aux parents de réaliser l'éducation des enfants dans le domaine alimentaire, comme dans les autres domaines de la vie courante... Bien sûr, il est important que la restauration scolaire propose une alimentation saine et plaisante, mais son rôle est à relativiser : faites un peu le calcul du nombre de repas hebdomadaires que prend un enfant dans sa famille au regard de ceux pris à la cantine...

Émotions

Parmi les raisons qui font manger sans **faim**, les émotions occupent parfois une place centrale. En effet, manger peut être une solution bien pratique face à des émotions qu'on ne veut pas, qu'on ne sait pas trop affronter. On mange pour se réconforter, se récompenser, calmer une angoisse, se donner du courage, oublier un événement pénible... C'est un des rôles de la nourriture que d'apporter du réconfort quand on a un coup au moral. Pourquoi ne pas y avoir recours de temps en temps : on mange un « aliment doudou » et on se sent mieux. Mais, si cela devient un comportement quasi permanent et qu'on vit mal cette situation, il est souhaitable de prendre les choses en main.

Les émotions peuvent être agréables ou désagréables, liées à des événements ou des situations sympathiques ou déplaisants. Parfois, des personnes me disent : « Je mange quand ça va mal. Mais je mange aussi quand ça va très bien. Bref, je mange tout le temps. » C'est assez rare. Le plus souvent, on cherche à compenser, apaiser, voire anesthésier un ressenti jugé pénible. Le réflexe peut opérer même pour un tout petit désagrément. Chez certains, c'est un fonctionnement mis en place depuis l'enfance. On a fait de la nourriture une amie dans une période difficile parce que c'était rassurant. Ou les parents ont créé cette habitude de consoler avec une douceur. Parfois, c'est venu plus tard car se sont succédé divers moyens d'apaiser ces émotions : le sport, le tabac, l'alcool. La nourriture peut prendre ainsi le relais chez des personnes qui arrêtent de fumer sans s'attaquer au sujet de fond.

Déconstruire ce lien, même ancien, je vous assure que c'est possible. En y allant à son rythme, en persévérant, en prenant peu à peu confiance dans sa capacité à changer. Il ne s'agit pas de troquer du chocolat ou des gâteaux pour des carottes ou des radis ! Ni de lutter contre les émotions que l'on ressent mais au contraire d'apprendre à les reconnaître et à les accueillir en n'en ayant plus peur. On peut s'entraîner à être à l'écoute de sa « météo émotionnelle », qu'il y ait soleil ou nuages. Pour mieux percevoir les moments de tempête. Du coup, peu à peu, quand on a envie de manger sans faim, on prend un temps de réflexion pour comprendre à quoi cette envie répond et évaluer si manger est le plus adapté. Grâce à cette réflexion, on ressent de moins en moins le besoin de manger, ce qui n'empêche pas de continuer à chercher de temps en temps du réconfort dans un aliment qui a ce pouvoir.

Enfants

Avoir des enfants, cela change-t-il sa propre façon de manger ? Cela a-t-il un effet sur son poids ? Entre souci de bien les nourrir et agenda qui s'emballe, trouve-t-on un équilibre ?

Dans certains cas, on mincit quand on a des enfants. Tout à coup, on se sent responsable de leur donner une alimentation saine et on abandonne fast-food et commande de pizzas pour s'abonner à une AMAP ou autre panier bio. À force de leur préparer des purées de légumes, on finit par en avoir envie. On sort beaucoup moins, au restaurant ou dans des soirées bien arrosées avec les copains. Pour donner le bon exemple, on fait de « vrais » repas à table, on prend son temps.

Dans d'autres cas, au contraire, c'est l'occasion de prendre quelques kilos car on n'a vraiment plus le temps d'aller courir, nager, hanter le club de **sport**. C'est la course permanente, on déjeune à toute vitesse pour partir plus tôt le soir (cf. le **tunnel** de la fin de journée). Avec la fatigue, le temps passé en cuisine diminue au profit de plats préparés. On les sert trop et on finit leur assiette à leur place. Car on a faim. Parfois, on tombe ainsi dans la pratique du double dîner : on grignote avec les enfants à 19 heures-19 h 30 pendant leur dîner puis on fait un deuxième repas quand le conjoint rentre. Et puis, quand ils grandissent, on se met à faire plein de gâteaux pour leur faire plaisir et on finit par en manger plus qu'eux...

Pas de panique, il y a une autre voie que les pizzas ou cordons bleus surgelés. Ne cherchons pas la perfection de 100 % de petits pots maison avec un rejet systématique du tout industriel... Trois suggestions : **éduquer** les enfants au goût des bonnes choses, trouver son **rythme** pour avoir faim au bon moment et ne pas s'épuiser et mettre en place une **organisation** souple pour bien manger sans passer sa vie en cuisine.

Envie de manger

« J'ai tout le temps faim », me disent certaines personnes. Faim ou envie de manger ? Il est important de le préciser car c'est en fait souvent de l'envie de manger qu'il s'agit. La **faim** est un signal physique : votre corps a besoin de reconstituer son stock d'énergie, car il a dépensé celle du dernier repas. L'envie de manger, elle, est dans la tête. Elle correspond à un besoin psychologique plutôt que physique. Quand on y prête attention, on fait rapidement la différence entre les deux. Ou alors, si on s'est éloigné de ses sensations alimentaires, on réapprend à la faire. Besoin de réconfort, fatigue, ennui, stress, **émotion** pénible, privation, simple exposition à des aliments tentants : tout cela peut créer des envies de manger. Il ne s'agit pas de lutter contre elles, on ne fait que les renforcer, mais de comprendre pourquoi on a ces envies si on n'a pas faim. Puis de décider si cela vaut vraiment la peine de manger.

Envies alimentaires

Beaucoup de personnes croient qu'il faut absolument écouter des règles extérieures pour manger sainement. Elles ne se font pas vraiment **confiance** sur le plan alimentaire et ont peur d'écouter leurs envies. Là encore, expérimentons ! En mangeant tout ce qu'on veut (en écoutant bien sûr son appétit), on va voir si on se nourrit uniquement de **chocolat** et de raclette. Peut-être pendant deux ou trois jours. Mais finalement, la personne qui fait cette expérience se rend compte qu'elle a assez rapidement une vraie ENVIE de légumes, de fraîcheur. Elle réapprend peu à peu à se faire confiance et varie son alimentation sans effort. Comme une patiente qui me déclara un jour : « Depuis que je peux manger des frites quand je veux, j'ai envie de brocolis ! »

Équilibre

Si je vous dis équilibre, vous pensez probablement équilibre alimentaire, « manger équilibré ». Peut-être vous vient-il à l'esprit : « Mangez cinq fruits et légumes par jour », « Ne mangez pas trop gras, trop sucré », etc. Soit vous vous en moquez et mangez comme vous voulez. Soit vous y pensez et culpabilisez car vous croyez en être très loin. Soit vous suivez des principes d'équilibre de façon un peu rigide et cela vous pèse ou vous fait trop manger. Au nom de l'équilibre, on se force parfois, alors qu'on n'a plus faim, à finir son repas par un laitage et un fruit. Alors, je voudrais rétablir quelques principes de base : cet équilibre nutritionnel se fait dans la durée, il se régule sur plusieurs jours, une semaine, dix jours. On n'a absolument pas besoin que chaque repas soit équilibré. On a « le droit » par exemple de faire un repas sans **légumes** ou tout fromage, cela ne met pas en péril l'équilibre global de notre alimentation si elle est variée. Si on aime cette variété au cours d'un repas, on peut diminuer son plat principal. Et sinon, manger des laitages et des fruits à d'autres moments.

À force d'être obsédé par cet équilibre nutritionnel, on en oublie trop souvent l'équilibre énergétique qui régit le poids (équilibre entre ce qu'on absorbe et ce qu'on dépense) et l'équilibre émotionnel (toutes les émotions que procure la nourriture, qui n'est pas là pour nous fournir seulement des nutriments). Alors donnons-nous de la souplesse dans notre façon de manger. Mangeons avec une large **variété** pour le plaisir et sans penser toujours à comptabiliser des catégories d'aliments.

Depuis que je peux
manger des frites
quand je veux,
j'ai envie de brocolis !

Équité

Je suis ô combien attachée aux trois mots de notre devise républicaine notamment à l'égalité. Mais, dans certains cas, le mot « équité » me paraît plus adapté. Notamment en ce qui concerne l'appétit. Souvent des femmes me disent qu'elles mangent comme leur conjoint et qu'elles trouvent cela normal, au nom de l'égalité en quelque sorte... Alors que, dans la grande majorité des cas, elles n'ont pas les mêmes besoins que lui. Une femme a, physiologiquement, moins de masse musculaire qu'un homme et donc un **métabolisme** moins « dépensier ». Une femme, la plupart du temps, est plus légère que son conjoint. Donc, elle devrait se servir en plus petite quantité. Manger chacun selon ses besoins, c'est cela l'équité, et c'est différent de l'égalité. Bien sûr, il y a des exceptions, des femmes beaucoup plus grandes, costaudes ou musclées que leur conjoint : l'équité joue alors dans l'autre sens !

Étiquetage

Que de débats autour de l'étiquetage des aliments de l'agro-alimentaire. Faut-il un étiquetage simplifié ou pas ? Avec quel contenu ? Faut-il lire les étiquettes ? Qui a vraiment le temps de le faire ? Aujourd'hui, outre l'étiquetage des ingrédients, on voudrait ajouter, pour simplifier la tâche du consommateur, des pictogrammes lui permettant de choisir les aliments les plus « sains ». Bonne idée ou pas ? Je n'ai pas vraiment d'avis tranché sur la question.

Certes les démarches d'étiquetage ne me paraissent pas très fiables et à fort risque de culpabilisation. Je doute que les personnes qui ont vraiment envie d'aliments très gras, très sucrés, par exemple, y renoncent à cause d'un « feu rouge »... Elles ont quand même une vague idée de ce qu'elles mangent.

Je préférerais une **éducation** alimentaire globale plutôt que compter sur les emballages pour éduquer les mangeurs. Une éducation aux aliments, au goût, voire à la cuisine qui donne un savoir-faire en termes d'achat et de préparation des repas.

Mais il est vrai qu'un étiquetage pourrait faire la différence entre deux produits qui se ressemblent. Un tel dispositif pourrait-il être vertueux et pousser les industriels à améliorer leurs produits pour les hausser dans les « bonnes » catégories ?

En attendant, vous n'allez pas perdre votre temps à décrypter chaque emballage à la loupe.

D'abord, le meilleur moyen de ne pas avoir à lire les étiquettes, c'est d'acheter des produits bruts, non transformés, pour les cuisiner. Je me doute que la vie quotidienne oblige à acheter aussi occasionnellement ou régulièrement des produits de l'**industrie**. Le plus simple est de prendre toujours les mêmes produits qu'on a repérés comme satisfaisants. Car on a lu l'étiquette, et pour cela, on peut suivre quelques règles simples pour faire des choix :

– une liste d'ingrédients courte (5 ou 6 maximum) ;
– des premiers ingrédients (qui sont les plus importants en poids) logiques pour le produit concerné : le

poisson dans un plat à base de poisson, la farine dans des gâteaux (pas le sucre), etc. ;

– pas d'intrus qui n'ont rien à faire là, comme du sucre dans une salade composée ;

– des ingrédients connus, pas des noms barbares ou une masse d'additifs.

Toutefois, il ne faut pas non plus devenir obsessionnel de la nourriture exemplaire. Faisons la différence entre notre alimentation quotidienne que l'on peut préférer saine et naturelle et certains aliments qui ne répondent pas vraiment aux principes évoqués ci-dessus mais qu'on peut avoir envie de consommer occasionnellement (parce qu'on les trouve bons bien sûr !).

Expérimentation

Le travail que je fais est largement basé sur l'expérimentation, le fait de mener des expériences pour vivre concrètement une situation et en tirer des enseignements personnels. Faire des expériences concernant sa façon de manger est beaucoup plus convaincant que de longs discours. Ainsi on peut expérimenter :

– D'attendre d'avoir faim si on a totalement perdu l'habitude de ressentir cette sensation.

– De diminuer les quantités dans son assiette et voir si on « tient » jusqu'au prochain repas et si on est perturbé par la peur d'avoir faim.

– De déguster des aliments dont on a peur, avec conscience, pour se réconcilier avec eux, voire découvrir qu'on ne les aime pas tant que ça.

– De manger un aliment qu'on adore sans limite imposée pour découvrir qu'on finit toujours par saturer.

Quand vous ne savez pas où vous en êtes dans votre comportement alimentaire, sortez de vos habitudes, faites des expériences et soyez attentifs à vos réactions. Ce sera forcément instructif.

F

Faim

Le **corps** humain est extrêmement bien fait, une mécanique de haute précision, raison de plus pour le respecter et prendre soin de lui. Il envoie par exemple des signaux quand il a besoin de carburant : c'est ce qu'on appelle la faim. C'est une sensation physique qui vous indique qu'il va bientôt falloir songer à se restaurer. Elle peut prendre diverses formes, selon les personnes et l'intensité, des gargouillements, un creux, une contraction du ventre, une faiblesse, un mal de tête... Tant qu'on n'a pas faim, on peut encore tenir sur la base de ce qu'on a mangé au(x) repas précédent(s). Manger quand on a faim et s'arrêter quand on n'a plus faim est une chose intuitive, qu'un bébé fait naturellement la plupart du temps. Si on laisse les **enfants** réguler leur appétit sur la base de ces sensations, ils garderont cette façon de manger, qui maintient un poids naturel ou permet de le retrouver. Il n'y a donc pas lieu de les obliger à finir leur assiette. Si on n'a jamais faim, c'est qu'on mange un peu trop. On peut s'attacher à retrouver cette sensation pendant quelques jours, si on n'a pas de contrainte de repas, en attendant d'avoir faim pour manger. Parfois on croit qu'écouter sa faim conduit à un rythme anarchique. Pas du tout ! Une fois qu'on s'est reconnecté à cette sensation, on trouve son **rythme** pour avoir faim au bon moment. Il arrive à tout le monde de manger sans avoir faim, par contrainte horaire ou sociale : rien de scandaleux à cela, ayons de la souplesse dans l'écoute de nos sensations.

Famille

Il y a fort à parier que votre famille a eu une influence sur votre façon de manger même si vous vous en êtes un peu ou beaucoup détaché(e). Habitudes alimentaires, rythme des repas, aliments présents ou **interdits**, goût des **régimes** ou de l'abondance, grandes tablées ou repas déstructurés, « patouillage » dès la petite enfance ou porte de la cuisine hermétiquement close : tout cela vous a influencé(e). Il n'y a ni regret ni rancune à avoir, il faut seulement avoir conscience que cette influence fait partie de vous. Mais que vous avez continué votre chemin alimentaire. Aujourd'hui, il peut vous arriver de la « subir » encore, lors de repas de famille ou de séjours partagés, plus ou moins fréquents selon l'éloignement géographique et affectif. Peut-être frémissez-vous de voir se répéter auprès de vos enfants des « finis ton assiette » autoritaires.

Un repas de famille n'est pas tout à fait un repas convivial comme les autres. Un ensemble complexe de sentiments peut entrer en jeu. Il peut y avoir des tensions, des discussions animées, un regard un peu trop insistant sur votre façon de manger, une pression à vous resservir, surtout si on a préparé vos plats préférés exprès. De votre côté, peut-être une difficulté à dire non par peur de froisser, le plaisir de retrouver des goûts de l'enfance... Ou l'ennui, le stress de devoir gérer des relations compliquées. Autant de facteurs qui risquent de vous faire sortir du repas gavé(e) au-delà de l'agréable et du confortable. Pistes à expérimenter la prochaine fois :

– Allez faire un tour en cuisine pour vous renseigner sur l'ensemble du menu et décider vers quels mets vous allez diriger en priorité votre appétit et s'il est important de garder une place pour le dessert (un bon argument pour éviter qu'on vous resserve du plat). Il ne s'agit pas de bouder les plaisirs proposés mais de les adapter autant que possible à votre appétit.

– Faites-vous servir ou, mieux, servez-vous si le « protocole » l'autorise, des **quantités** qui vous permettront de manger de tout.

– Même si l'on converse, prenez le temps de vous recentrer sur le goût de ce que vous mangez pour ne pas être frustré(e) quand ce sera fini.

– Si vous vous sentez crispé(e), énervé(e), prenez conscience de ces **émotions**, essayez progressivement de prendre un peu de recul pour qu'elles ne vous envahissent pas. Peut-être pouvez-vous vous isoler quelques instants pour faire redescendre la pression ?

– Si on veut vous resservir ou vous faire finir le plat et que vous n'en avez pas envie, refusez très poliment en prenant soin de complimenter avec délicatesse et précision le plat délicieux que vous venez de manger (cela fera autant plaisir voire davantage que si vous le mangez en quantité).

– Si la cuisine familiale est à votre goût, osez emporter quelques boîtes de restes, en assumant même si ça ne vous paraît pas très raccord avec votre image d'adulte responsable !

– Et bien sûr, si vous avez trop mangé, attendez le retour de la faim, même si cela signifie sauter le prochain repas (ce n'est pas interdit, faites confiance à votre corps !).

. . . .

**On n'a pas besoin
que chaque repas
soit équilibré.**

. . . .

Féculents

Une bonne fois pour toutes, je voudrais que vous entendiez cette vérité : non, les féculents ne font pas grossir ! C'est l'excès (de tout aliment) qui fait grossir. Cette croyance véhiculée par toutes sortes de professionnels, ou pas, de la nutrition, a amené depuis des décennies de multiples personnes à se priver de féculents, en totalité ou partiellement. Que de régimes l'on m'a décrits, où l'on avait seulement « droit » à une tartine le matin, voire à des ingrédients plus barbares. Mais c'est ainsi que l'on s'affame peu à peu et que l'on ralentit son **métabolisme.** Alors que le corps (et le cerveau) ont besoin de l'apport privilégié d'énergie que constituent les féculents (**pain**, pâtes, pommes de terre, riz, semoule, blé...).

Au nom de cette croyance, de nombreuses femmes se privent de féculents le midi, mangent une petite salade ou un poisson vapeur accompagné de **légumes.** Résultat : elles sont « mortes de faim » à 16 heures ! Soit elles tiennent bon et se jettent sur de la nourriture à peine rentrées chez elles, soit elles craquent sur ce qui est disponible, avec l'aide des collègues ou de l'épicerie du coin.

Non seulement les féculents ne font pas grossir mais on peut manger des féculents le soir sans prendre de poids, et même mincir en le faisant. Si vous ne me croyez pas, essayez ! Je rencontre régulièrement des personnes qui ne mangent jamais de pâtes alors qu'elles adorent ça. Si, de la même manière, vous ne mangez pas de féculents car vous en avez peur et que vous avez l'impression de vous priver, essayez de les réintégrer progressivement et de voir si vous vous sentez satisfait(e) et rassasié(e). À l'inverse, certaines personnes ne savent pas manger une assiette de pâtes mais seulement une énorme « plâtrée » (quelle horrible expression !). En excès, évidemment, ça peut faire grossir ! Pour changer cela, regardez les quantités indiquées sur le paquet, qui sont une moyenne, faites-en cuire moins, servez-vous une plus petite assiette, mangez tranquillement pour peu à peu trouver vos repères de manière à sortir de table sans lourdeur.

Flexitarisme

Connaissez-vous le flexitarisme ? Oh, qu'est-ce que c'est que ce mot pas beau ? C'est une catégorie de mangeurs inventée il y a quelques années par les Américains. Une sorte de végétariens flexibles, des personnes qui sont en voie de « végétarisation » ou qui ont une alimentation majoritairement à base de fruits, légumes, céréales, légumineuses, mais qui mangent de la viande ou du poisson de temps en temps.

Pourquoi mettre des étiquettes sur nos choix de mangeurs, alors que nous sommes tous des êtres humains complexes et pleins de contradictions ? Ce qui nous rend uniques ! L'intérêt du mot, c'est d'évoquer la souplesse qui est une jolie notion inverse de la triste rigidité... On peut ainsi ouvrir une brèche dans la frontière entre végétariens et omnivores. Peut-être pour trouver, sans dogmatisme ni **privation**, un juste milieu entre ces deux visions.

La personne flexitarienne mange donc majoritairement végétarien mais, par goût, sociabilité, contrainte

familiale ou amicale, elle continue à manger occasionnellement de la viande ou du poisson. Elle peut parfois
manger, sans se prendre la tête, un steak ou des sar-
dines en boîte, ne pas faire un drame pour des lardons
dans une quiche ou du poulet dans une salade. Du coup,
elle se sent en **cohérence** avec ses goûts ou ses idées
sans ressentir de frustration, elle continue de manger
les aliments qu'elle aime vraiment, elle n'a pas recours
à des substituts industriels ou à des compléments alimentaires. Est-ce que cette attitude ne pourrait pas
intéresser beaucoup de personnes ? Plutôt que d'opposer
viandards et vegan, n'y aurait-il pas une autre voie ?

Les personnes qui mangent beaucoup de viande n'ont
pas à culpabiliser, c'est l'héritage d'habitudes familiales
et culturelles. Elles peuvent néanmoins prendre un peu
de recul sur leur consommation :

– Quantitativement : combien de fois je mange de
la viande par semaine ? En ai-je vraiment envie aussi
souvent ou est-ce une habitude ? Une facilité car c'est
tellement simple à préparer ? Est-ce que je pourrais
diversifier ?

– Qualitativement : est-ce que je mange toujours de
la bonne viande dont je connais la provenance ? Est-ce
que je ne pourrais pas être un peu plus exigeant(e) ?
Est-ce que je ne serais pas plus heureux(se) si je savais
que les animaux ont été bien nourris et bien traités ?

Manger de la bonne viande, cela coûte plus cher :
automatiquement, on en mange moins souvent. De
même pour le poisson.

Privilégier la qualité plutôt que la quantité aurait
un triple bénéfice :

– Avoir le plaisir de diversifier son assiette et de découvrir de nouveaux goûts et de nouvelles recettes à base de céréales, légumes, légumineuses.

– Contribuer à prendre soin de sa santé : sans se créer des angoisses inutiles, on peut penser que l'excès de viande, surtout issue de processus industriels, n'est pas ce qu'il y a de mieux pour se faire du bien.

– Contribuer modestement à prendre soin de la planète. Oublions les attaques excessives contre les vaches et leurs émanations mais rappelons-nous que manger beaucoup de viande est quand même très consommateur d'énergie.

À chacun évidemment de manger comme il l'entend selon ses goûts et ses convictions. Mais il est toujours intéressant de prendre du recul sur ses habitudes et d'avoir conscience que notre façon de manger modèle le monde dans lequel nous vivons.

FODMAP

On a fait un peu vite du **gluten** un coupable idéal (avec le lait) des problèmes digestifs en laissant de côté d'autres pistes. La mode du « sans gluten » sera-t-elle bientôt remplacée par celle des FODMAP ? Pas sûr, car le sujet est plus complexe et le business dérivé moins évident... Surtout, il serait intéressant que cela ne devienne pas une mode. Mais une vraie compréhension de problèmes d'inconfort digestif sur laquelle la connaissance a avancé. Qu'est-ce donc, les FODMAP ? Cet acronyme anglophone est venu d'Australie il y a une dizaine d'années. Traduit en français, mais pas forcément plus éclairant, cela donne les « Oligosaccharides, disaccharides, monosaccharides et polyols fermentescibles ». Ce sont diverses catégories de sucres qui ont une propension à fermenter dans le côlon. Créant douleurs et ballonnements, de façon plus ou moins intense chez de nombreuses personnes, particulièrement celles qui ont un **intestin** sensible. On commence donc à prescrire des régimes pauvres en FODMAP pour retrouver un confort digestif. La difficulté est que ces molécules sont présentes dans un grand nombre d'aliments. Exemples (liste non exhaustive) :

– des aliments déjà largement connus comme difficiles à digérer et exclus par certains de leur alimentation : la famille des choux (qui aggrave son cas par la présence de composants soufrés peu digestes) ; l'ail, l'oignon, le poireau ; les légumes secs de type lentilles, pois chiches, haricots (contenant des oligo-saccharides) ;

– certains fruits comme la pomme, la mangue, la pêche, l'abricot, la cerise (riches en fructose) ;

– le lait (de vache, brebis, chèvre), les fromages frais (cottage cheese, mascarpone, ricotta), les desserts à base de lait (le lactose, sucre du lait, est un disaccharide) ;

– tous les produits « sans sucre » notamment les confiseries, car ce « sans sucre » qui signifie sans saccharose recouvre des polyols de type sorbitol, maltitol… ;

– le sirop de glucose-fructose présent dans de nombreux desserts et pâtisseries industriels, car trop riche en fructose ;

– le blé et le seigle (contiennent des oligo-saccharides). On trouve d'ailleurs là une possible explication du mieux-être ressenti par certaines personnes qui arrêtent le gluten : ce ne serait pas le gluten mais les fructanes du blé qui pourraient être mal digérés.

Si vous n'avez aucun problème digestif, vous pouvez évidemment continuer à manger tout cela sans souci. Pour les autres, il n'est pas question d'éliminer tous ces aliments. La tolérance est très variable d'une personne à l'autre, d'un aliment à l'autre. La quantité absorbée, la fréquence, la cuisson, la maturité (pour les fruits et les légumes), les aliments consommés en même temps sont des facteurs aggravant ou facilitant la digestion. Si on ressent fréquemment un inconfort après le repas, il faut d'abord s'assurer qu'on mange en quantité adaptée à sa faim, et tranquillement, en mâchant bien. Si c'est le cas, on peut s'observer avec précision pendant quelques jours, tenir un « carnet de confort » pour repérer les aliments problématiques. On arrête leur consommation temporairement ou on la diminue pour observer si la situation s'améliore. Beaucoup d'aliments sont supportés en petite quantité et pas en abondance. Si on en cumule plusieurs, cela aggrave la situation. Si l'inconfort est quasi permanent après le repas, on peut entrer dans le protocole FODMAP, long et contraignant, consistant à arrêter tous les aliments suspects puis à les réintroduire un par un pour évaluer ce qui est supportable. Les patients n'ont pas forcément le courage de cette recherche au long cours et certains choisissent simplement d'abandonner le gluten sans savoir si c'est vraiment lui le responsable.

J'ai le pressentiment que cette question des FODMAP va devenir la nouvelle lubie digestivo-nutritionnelle (c'est déjà le cas dans les pays anglo-saxons). Je serais vraiment ravie que cela permette à des personnes d'aller beaucoup mieux. Mais combien d'autres vont se laisser entraîner, comme avec le gluten, alors qu'elles n'ont aucun problème digestif ! Je répète encore et encore qu'on n'a pas à généraliser ! À chacun de connaître ce qui lui convient vraiment ou pas, pour en avoir une consommation éclairée, au-delà des modes et des modèles.

Non, les féculents ne font pas grossir !

Formule

On ne parlera pas ici de formule chimique ou mathématique mais de formules plus quotidiennes, celles proposées par les boulangeries, bistrots, brasseries, saladeries, etc. On la choisit souvent car on pense faire une bonne affaire. En effet, il y a souvent une légère réduction de prix par rapport à la somme des éléments. Mais a-t-on vraiment besoin de tout ça ? A-t-on pris le temps d'interroger sa **faim** et son envie ? Au **restaurant**, est-ce vraiment ce « plat du jour » qui nous tente ou plutôt un autre, à la carte ? Aura-t-on vraiment l'appétit pour un dessert ? Une petite note sucrée (un peu de chocolat, une compote...) ou un dessert à partager ne suffiraient-ils pas plutôt qu'une grosse pâtisserie ? Une entrée et un dessert ne me conviendraient-ils pas mieux que la formule plat-dessert ? En vente à emporter, a-t-on vraiment besoin de la boisson alors qu'on a tout ce qu'il faut au bureau ? Du coup, est-ce vraiment économique au regard du prix du plat seul ? Parfois, on choisit une formule au déjeuner pour « consommer » un ticket restaurant. Est-ce une raison suffisante ? Peut-on demander un avoir si on est un habitué du lieu ou payer en espèces et cumuler deux tickets restaurants pour un autre jour plus festif ? La liberté alimentaire, c'est aller vers ses propres choix et non se laisser embarquer par des formules à première vue attrayantes mais finalement contraignantes.

G

Gaspillage

Qui ne gaspille jamais de nourriture ? Peut-être quelques personnes parfaites, super organisées, adeptes du zéro déchet. Mais sûrement pas la majorité d'entre nous, à des degrés divers. Cela peut dépendre de la façon d'acheter. Quand on vient de familles nombreuses ou adeptes de la table ouverte, il peut être difficile d'évaluer les **quantités** pour un foyer plus réduit. Il peut arriver qu'on s'enthousiasme un peu trop en faisant le marché, qu'on achète large sans trouver le temps ensuite de **cuisiner** tout ce qu'on avait imaginé. Quand on est célibataire, on a l'habitude d'improviser des sorties, de dîner dehors de façon impromptue, et les **légumes** patientent au frigo. Dans tous les cas, on risque de se retrouver avec trop d'aliments et de dépasser le moment de consommation raisonnable et plaisant. Ou alors, c'est la préparation qui pêche. On est sans repère de quantité, on évalue au hasard, on vide une bonne partie du paquet de pâtes dans la casserole par exemple. On se retrouve avec des restes cuisinés et on n'a pas envie de les finir le lendemain, alors on jette.

On peut trouver des solutions car personne n'est probablement à l'aise avec l'idée de gaspiller. Le sujet est tellement important que c'est devenu un chantier européen mobilisant tous les acteurs de la chaîne alimentaire. D'abord, on peut identifier ce qui cloche :

est-ce qu'on achète trop ? Est-ce qu'on cuisine trop ? Est-ce qu'on a la flemme de cuisiner ? Est-ce qu'on a du mal à gérer les stocks ? Est-ce qu'on a souvent des restes ? Est-ce qu'on oublie des aliments au frigo ?

Côté achats, on peut prendre le temps d'observer ses usages de consommation (qui mange des yaourts tous les jours, combien de soirs je sors dans la semaine...) pour adapter ses courses. On pense à regarder ce qu'on a encore en stock avant de partir faire les courses.

En cuisine, on peut se discipliner (eh oui, c'est un effort) à préparer, éventuellement congeler, certains aliments tant qu'ils sont frais. S'entraîner à cuisiner en quantité adaptée selon le nombre réel de portions dont on a besoin (en incluant d'éventuelles « gamelles » du déjeuner).

Côté organisation, il est intéressant d'utiliser le **congélateur** si on en a un. Il n'y a pas de raison d'idéaliser le légume frais quand il n'est pas adapté à toutes les situations. Ainsi, on peut acheter des légumes frais pour le début de semaine ou les jours où l'on aura le temps de les cuisiner puis se reposer sur des **surgelés** pour les autres jours.

On peut aussi congeler les restes préparés en trop, même si c'est une petite quantité. Avec des contenants adaptés, on peut les étiqueter et les stocker au congélateur. On sera content de les retrouver pour une assiette composée. Si on ne congèle pas ce qui reste d'un plat, on peut le mélanger à d'autres aliments et pratiquer la cuisine **domino** : les pâtes cuites partent en gratin ou soupe ou omelette, la viande en farce ou boulettes.

Il faut aussi des compétences en gestion des stocks ! Pour surveiller les dates limites de consommation et utiliser en priorité les aliments qui en sont proches. Par exemple se dépêcher de faire une quiche ou un gâteau avec des œufs. Ou de transformer des fruits vieillissants dans une compote, un crumble.

Au restaurant, on peut aussi limiter le gaspillage sans trop manger. Écouter sa faim pour calibrer sa commande, partager un dessert si on n'a plus très faim, oser demander à emporter ce qu'on ne termine pas en montrant qu'on a apprécié.

Quand on a ainsi observé et compris ses habitudes, on peut mettre en place des actions concrètes pour diminuer le gaspillage peu à peu, avancer régulièrement sans viser la **perfection** dans ce domaine, pas plus que dans aucun autre !

Gluten

Oh le grand méchant gluten ! Je serais étonnée que vous n'en ayez jamais entendu parler. Tellement les médias, Internet, les conversations, les rayons alimentaires, les cartes des restaurants branchés le mettent en avant. Ou plutôt son absence. Tel ou tel « expert » de la nutrition affirme haut et fort que personne ne devrait en manger ou le moins possible, que notre corps n'est surtout pas fait pour le digérer. De quels maux ne l'accuse-t-on pas depuis quelques années ? Combien de personnes prennent peur, arrêtent de consommer les aliments qui en contiennent et jurent aller beaucoup mieux... Manger sans gluten serait meilleur pour la santé, ferait perdre du poids, réglerait des tas de maladies. Alors, faut-il arrêter d'en consommer au plus vite ? J'aurais bien envie de rire si ce n'était pas si triste de voir triompher le simplisme et la crédulité. Comment expliquer qu'on ait mangé des aliments riches en gluten depuis des milliers d'années sans s'émouvoir, du **pain** par exemple, et en quantité bien plus importante qu'aujourd'hui ? Savez-vous que nos grands-parents ou arrière-grands-parents consommaient quatre fois plus de pain que nous en moyenne ? Avaient-ils des problèmes de **digestion** ? Aujourd'hui, on confond tout : les caractéristiques du gluten en tant que tel, les modes de production des aliments, l'omniprésence du gluten dans l'alimentation industrielle.

D'abord, le gluten c'est quoi ? C'est un composant issu de deux types de protéines, des gliadines et des gluténines, qu'on trouve dans plusieurs céréales : le blé, le seigle, l'orge, l'avoine. Il se constitue quand on mélange de la farine et de l'eau et contribue à donner du volume et de l'élasticité et permet par exemple de faire du pain levé. Ces protéines peuvent poser des problèmes de digestion, mais PAS À TOUT LE MONDE !

Depuis longtemps, on détecte chez certaines personnes une intolérance (et non une allergie) au gluten, aussi appelée maladie cœliaque. Le fait de manger des aliments contenant du gluten attaque chez elles la paroi de l'intestin et cela crée douleurs, fatigue, perte de poids... Si on pense avoir cette intolérance, il faut réaliser des examens sanguins pour le vérifier plutôt que de décider seul d'arrêter le gluten. Si l'intolérance est confirmée, il n'y a pas d'autre choix que d'éliminer totalement et rigoureusement le gluten de son alimentation. Ces personnes sont alors partagées entre le mieux-être indéniable ressenti (après parfois un long parcours pour arriver au diagnostic) et la difficulté de suivre ces règles au quotidien quand elles doivent manger à la cantine, au restaurant, chez des amis, faire les courses... La mode récente des produits sans gluten leur facilite la vie mais elles ont parfois le désagrément d'être assimilées aux personnes qui font ce choix par effet de mode.

Il existe aujourd'hui, en dehors de la maladie cœliaque, ce qu'on appelle une hypersensibilité au gluten, qui crée un inconfort digestif mais qu'on ne détecte pas par les analyses traditionnelles (il n'y a pas de lésion de la paroi de l'**intestin**). Est-ce apparu récemment ? Beaucoup de personnes se plaignent depuis des décennies de problèmes intestinaux qu'on ne savait pas traiter. Donc le gluten est arrivé comme coupable idéal (le lait aussi). Il y a là une part de vérité pour plusieurs raisons : la présence du gluten dans notre alimentation a augmenté via les produits industriels ; les modes de production ont renforcé et standardisé le gluten, par exemple dans le pain, le rendant moins digeste ; de nombreuses personnes ont un intestin fragilisé. Toutefois, on n'est pas certain que seul le gluten soit en cause. Cela pourrait être aussi le cas des fructanes du blé, des **FODMAP**. Certaines personnes qui arrêtent de consommer des aliments contenant du gluten disent aller nettement mieux. D'autres, non. Est-ce vraiment le gluten qui est responsable ou le blé ou la levure du pain ou un « mauvais » pain présentant toutes les caractéristiques propres à une digestion difficile ? Ou d'autres aliments consommés en même temps ?

Que faire alors ? Si on n'a aucun problème de digestion en mangeant du pain, des pâtes, des gâteaux, on peut continuer sans souci, les choisir de qualité, et se réjouir d'avoir un intestin en bon état de marche. Si on ressent un inconfort plus ou moins marqué, il y a forcément quelque chose à changer. Ne pas nécessairement supprimer le gluten comme on nous incite trop facilement à le faire. D'abord, s'assurer qu'on mange tranquillement, en mâchant bien, en sachant s'arrêter. Ensuite, prendre du recul sur son alimentation, observer la place des aliments riches en gluten ou industriels. Une plus grande variété est-elle souhaitable pour diminuer la part du gluten ? Découvrir la diversité des céréales : riz, millet, sarrasin... Ensuite, peut-être le plus important, améliorer la qualité du gluten qu'on absorbe, pour mieux digérer, laisser tomber par exemple la baguette molle et le pain de mie pour acheter du vrai bon **pain** digeste. Et surtout ne pas se précipiter sur les aliments sans gluten industriels, lancés par des fabricants flairant un nouveau marché juteux, plus chers et à la composition trop complexe.

Gourmandise

C'est quoi la gourmandise ? Difficile à définir. Prenez un temps pour réfléchir. C'est quoi votre définition ? Quand je pose la question, très souvent, on me répond : c'est quand on a envie de continuer de manger alors qu'on n'a plus faim, c'est quand on a envie de manger un gâteau alors qu'on n'en a pas besoin... Beaucoup croient que la gourmandise, c'est trop manger. Et ils ont peut-être en tête que ce serait un péché. Alors qu'en fait, disent les historiens, il y a eu confusion, et le réel péché c'est la gloutonnerie : trop manger, se remplir la panse exagérément. La gourmandise, pour moi, c'est avoir du plaisir à manger. Et le plaisir gustatif est à son summum quand on a **faim** et qu'on savoure les premières bouchées. Tous nos **sens** sont alors en éveil. Essayez, vous verrez !

Gourou

Je ne suis pas un gourou ! Et je ne veux surtout pas l'être. Je ne veux pas vous donner des directives à suivre absolument, des recettes miracles. Je n'ai pas forcément raison, je donne des pistes et vous êtes la personne qui vous connaissez le mieux pour les explorer ou non. Je préfère que vous vous fassiez vos propres idées en expérimentant, en trouvant ce qui est bon et qui fonctionne pour vous. Je me méfie terriblement des gourous. De ceux qui donnent des conférences à l'entrée déraisonnablement coûteuse ou publient des livres pour vous révéler le secret du bonheur ou de la **minceur**, pour livrer LA solution à vos problèmes.

Pas toujours facile de ne pas se laisser embarquer dans une période où l'on doute de tout, où certains pourfendeurs des discours traditionnels sont très convaincants : on peut avoir d'autant plus envie de se tourner vers eux qu'on ne trouve pas de réponse adéquate du côté d'entités plus classiques du monde de la santé. Aiguisez votre esprit critique, méfiez-vous des affirmations péremptoires, universelles, sans nuance (j'espère qu'il n'y en a pas trop dans ce livre !), des solutions simplistes et miraculeuses, des potions magiques. Si l'on vous recommande avec autorité de vous lancer dans un régime étrange, de vous priver de nombreux aliments sans plus d'analyse, si on vous promet l'évitement de toutes les maladies par l'alimentation, soyez vigilant(e). Méfiance aussi envers les discours ésotériques, le jargon pseudo-scientifique qui cherche à vous impressionner. Cherchez plutôt l'expertise fondée.

Goût

Qu'est-ce que le goût des aliments ? Qu'est-ce qu'avoir bon goût ? Le goût, c'est ce qu'on ressent globalement d'un aliment ou d'un plat qu'on a en bouche, en fonction de sa composition, en particulier des saveurs et des arômes qu'on capte. Cette capacité de perception sensorielle et son **éducation** mais aussi nos habitudes culturelles, sociales et familiales façonnent notre goût et nous font dire si on aime ou pas ce qu'on mange. Il n'y a pas de perception universelle de ce qui est bon. Pas de police du bon goût ! Ainsi, nous pouvons difficilement tolérer les épices fortes et les piments d'autres contrées si on n'y est pas accoutumé.

La part sensorielle ne dit pas tout : le goût ou le dégoût pour un aliment sont aussi liés au contexte de découverte, à un éventuel traumatisme au moment de la dégustation qui va « colorer » durablement ce qu'on perçoit de l'aliment. Si l'enfance est une étape essentielle, on peut à tout âge affiner son goût en prêtant une attention consciente à ce qu'on met en bouche. On peut définir ses **préférences** réelles en fonction de ce qu'on ressent et non en fonction de ce qu'on pense, en bien ou en mal, d'un aliment. On peut développer son exigence gustative. Je vois ainsi très souvent des personnes varier leur alimentation pour le plaisir du goût et non par contrainte nutritionnelle. Je me souviens d'une patiente qui avait l'habitude de dîner une fois par semaine au fast-food et qui me dit un jour (sans que je lui aie le moins du monde interdit d'y aller) qu'elle trouvait finalement cela « dégueulasse » et qu'elle n'en avait plus du tout envie.

Fuyons les faux gras,
les produits allégés,
mettons du vrai beurre
sur nos tartines !

Gras

Le gras fait partie des substances décriées, condamnées, diabolisées. Comme souvent, un discours nuancé manque. Bien sûr, il n'est pas souhaitable pour notre poids et notre santé que le gras règne en maître absolu dans notre alimentation. Mais il est indispensable à nos cellules, à notre peau, à notre cerveau (je frémis d'entendre tant de femmes se priver totalement de gras, hormis peut-être dans quelques poissons...) et sa présence nous réjouit souvent gustativement, quand il est là de façon subtile. Le mieux est d'utiliser des matières grasses de façon régulière et raisonnable, en variant les plaisirs qui seront aussi un moyen de varier les intérêts nutritionnels. Il y a le beurre, la crème, les différentes huiles. Ne nous cantonnons pas à l'omniprésente huile d'olive, explorons d'autres huiles selon nos usages. Et aussi le gras présent dans les aliments (viande, poisson, charcuterie, laitages, desserts, pâtisseries, chocolat...). Et fuyons les faux gras, les produits allégés, mettons du vrai beurre sur nos tartines et savourons d'authentiques fromages dont les riches parfums nous satisferont sans nécessiter une portion importante.

Grignotage

« On ne mange pas entre les repas. » « Il ne faut surtout pas grignoter. » « Il faut faire trois repas par jour... » Vous connaissez sûrement ces rengaines. Vous avez intégré le message : grignoter, c'est mal ! Pourtant, beaucoup de personnes ne peuvent pas s'en empêcher, au bureau, en rentrant le soir, après le dîner... sans avoir faim. Ce qui vous tombe sous la main, apporté par des collègues, dans un distributeur, le paquet de gâteaux des enfants ou celui qu'on achète en passant... Si, au lieu de condamner le grignotage, on essayait de se demander ce qu'il cache ? De multiples situations.

On grignote pour s'occuper quand on s'ennuie. Si le travail connaît des périodes creuses. Si on est chez soi le dimanche après-midi avec l'envie de rien, avec un sentiment de vide.

On grignote pour retarder le moment de faire une tâche désagréable, que ce soit un dossier difficile, un coup de fil délicat, le ménage à faire... On mange alors en se convainquant que c'est une occupation et que le reste peut bien attendre ! Si c'est vraiment une tâche pénible ou compliquée, on peut peut-être la découper en tranches ? Se fixer une durée limitée ?

On grignote pour faire une pause. Parce qu'on a travaillé plusieurs heures sous pression par exemple. Mais pas question de rester inoccupé, alors on mange. La pause est nécessaire et légitime. Mais pourquoi ne pas lui donner un autre contenu, aller papoter avec un(e) collègue, descendre faire un tour, faire quelques pas... ?

On grignote parce que cela calme du **stress**, une tension qu'on ressent face à la charge de travail, à l'ambiance, à des frustrations personnelles ou professionnelles... Vous ne savez pas trop comment ou vous ne voulez pas prendre le temps de vous détendre : le seul moyen que vous ayez trouvé, c'est de vous lâcher sur le paquet de biscuits, la tablette de **chocolat**, les chips, etc.

On grignote pour décompresser en rentrant le soir, avant ou après le dîner, ou quand les enfants sont couchés et qu'enfin on peut souffler. Est-ce qu'il n'y aurait pas une autre activité agréable pour profiter de ce moment (enfin) tranquille ?

Toutes ces situations ne sont pas forcément agréables, faciles à vivre. Mais on peut apprendre à reconnaître ce qui se passe en soi. Pour y apporter une réponse non alimentaire et remettre la nourriture à sa juste place. La prochaine fois que vous aurez envie de grignoter, prenez quelques secondes pour essayer de comprendre de quoi vous avez besoin et si manger est vraiment la meilleure réponse.

H

Hiver

Je suis triste que tant de personnes n'aiment pas l'hiver. Toutes les **saisons** sont « aimables » avec leurs particularités, leurs couleurs, leurs odeurs, leurs festivités, leurs bons moments. Paresser dans un bon fauteuil avec un plaid, un livre et une boisson chaude, n'est-ce pas un des plaisirs de l'hiver ?

Souvent, on n'aime pas l'hiver car on a peur de grossir. Parce que chaque année, on se retrouve avec 3 kilos en plus sur la balance. Mais ce n'est pas une fatalité ! Si on écoute sa tête qui croit qu'on a besoin de manger plus car on se dépenserait davantage (vous marchez des heures dans le froid ou vous travaillez en plein air ?), là, bien sûr, on prend du poids. En revanche, si on mange selon ses besoins, il n'y a aucune raison de grossir. Certes, on a des envies différentes, de plats mijotés et réconfortants. Mais ils ne sont pas forcément hyper-caloriques. Bien sûr, on peut avoir envie de raclette et de tartiflette mais on peut en manger selon son appétit sans se goinfrer et je doute qu'on ait envie d'en manger tous les jours...

On n'aime pas l'hiver aussi car on prétend qu'il y a moins de choix alimentaire. Faux ! On peut cuisiner de façon plaisante et très variée. Il y a les carottes, les diverses courges, les céleris rave et branche, toute la famille des choux : brocoli, chou-fleur, chou chinois, vert, rouge, frisé, les endives, les navets, les poireaux, etc. On peut alterner plats mijotés, soupes, gratins, tartes, salades, etc. Les mêler à des pâtes, du riz, de la semoule, des pommes de terre... En termes de fruits, il est vrai qu'on a peut-être moins de choix et que quand arrive février, certains se lassent des pommes et poires. Mais il y a aussi tous les agrumes, les kiwis... Et surtout une multitude de manières de les préparer : en salade, en compote, poêlés, au four, en tarte, en crumble, etc.

Si on est vraiment chaque année en désamour avec l'hiver, qu'on n'a pas le moral et beaucoup besoin de se réconforter du manque de lumière, il est important de prêter attention à ses émotions et de ne pas laisser cela s'installer (être davantage dehors en journée, cure de luminothérapie, accompagnement...). Pour retrouver un certain goût de l'hiver.

Hygiénisme

STOP à l'hygiénisme ! Ce cri du cœur va peut-être vous étonner de la part d'une diététicienne qui est censée, par son métier, être sensibilisée aux recommandations d'hygiène, à la toxicologie... Certes, des règles de propreté et d'hygiène de base sont importantes en alimentation et en cuisine pour éviter des risques de contamination. Mais ne confondons pas hygiène et hygiénisme ! L'hygiénisme est un excès d'hygiène, une peur de tout microbe, de toute bactérie. Il a conduit depuis des décennies à les éradiquer, à tout aseptiser. On a voulu nous faire manger une nourriture industrielle bien propre, standardisée, pasteurisée, stérilisée. Il y a des bénéfices : avoir des produits stables, disponibles, fiables, à longue durée de conservation. Mais ce n'est pas bon à long terme pour notre santé. À force de se nourrir de produits industriels, de fromages pasteurisés, de pain de mie pré-emballé, de légumes traités, on se prive d'innombrables bactéries présentes notamment dans les fromages au lait cru, le pain au levain, les aliments fermentés. Bactéries et autres micro-organismes qui sont bons pour notre **intestin** et renforcent notre système immunitaire. Confronté à des aliments « vides », notre organisme perd l'habitude de développer ses propres défenses. Le microbiote intestinal (transmis à la naissance) est moins diversifié, moins protecteur. On a davantage de risques d'allergies et de maladies inflammatoires. Des millions de bactéries habitent notre intestin et nous sont bénéfiques. Nous avons BESOIN de toutes ces petites choses minuscules : les microbes, les moisissures, les bactéries qui permettent de réaliser de bons fromages, de fabuleux pains, du vin ou de la choucroute et leur donnent leurs arômes. Manger ces aliments, et bien d'autres, nous renforce. On est peut-être en train de le comprendre car on observe un regain d'intérêt pour la pratique si ancienne, pratique et saine de la fermentation.

I

Industrie

L'industrie agro-alimentaire a pris en quelques décennies une part majoritaire dans nos achats de nourriture. Est-ce un mal ? Est-ce un bien ? Chacun peut en juger. Pour entamer la réflexion :

Parmi les aspects positifs : la disponibilité de nombreux aliments, la praticité d'usage, la sécurité, la conservation. Parmi les côtés négatifs : la standardisation du goût, le manque de repères sur ce que sont vraiment les aliments, la perte sensorielle, l'**hygiénisme** excessif, la diminution du savoir-faire culinaire.

Il est vraisemblablement impossible de se passer aujourd'hui de l'industrie agro-alimentaire, en particulier en ville. Même si on n'achète pas de plats préparés. Mais on peut prendre un peu de recul sur sa consommation pour se demander si on n'aimerait pas intégrer davantage d'aliments bruts ou de produits artisanaux. Acheter des fruits et légumes frais et de saison, faire de la compote maison, devenir un peu **locavore**, acheter du fromage d'artisans, etc. Ce qui va probablement avec une évolution de ses lieux d'achat... Les possibilités sont nombreuses. Ne cherchons pas la **perfection** et faisons ce qui est conforme à nos convictions : réfléchissons au monde que nous voulons et ne négligeons pas le pouvoir que nous avons de changer les choses par notre façon de consommer...

Injonctions

Vous rendez-vous compte que vous en subissez toute la journée ? Mais c'est quoi une injonction ? Au départ, c'est un ordre impératif. Le sens s'est élargi et c'est désormais une façon plus ou moins directe ou insidieuse de vous dire ce que vous devriez faire, comment vous devriez vous comporter. Exemples : « mangez cinq fruits et légumes », « faites du sport », « ne grignotez pas », « arrêtez de stresser », « ne vieillissez pas », « soyez toujours bien maquillée ». Les intérioriser, se les fixer comme but crée de la **culpabilité** et du mal-être car on ne peut pas tout faire, on ne peut pas viser la **perfection** en tout. Il est plus intéressant de se tourner vers soi et de réfléchir à ce qui est important et prioritaire pour soi-même.

J'essaie sincèrement de ne pas tomber là-dedans, donc prenez ce que vous voulez de ce livre, ce qui vous parle, ce qui vous intéresse, sans vous forcer, sans vous presser, sans considérer qu'il y a une vérité absolue pour tous.

Interdits[1]

Il y a les interdits qu'essaient de nous imposer la société, certains nutritionnistes, les gourous du manger sain… Cela ne cesse de varier selon les époques. Il y a eu le **pain**, le **sucre**, le beurre, le **gluten**… Sans justification de santé générale et sérieusement prouvée. Mais avec beaucoup de

---

1. Je ne parle pas ici des interdits culturels ou religieux qu'on intègre en général assez facilement au cours de son éducation ou d'interdits pour des raisons de santé.

frustration à la clé. Ne les écoutez pas trop, vous gagnerez du temps.

Vous-même, avez-vous déjà essayé de vous interdire certains aliments que vous aimez ? Les pâtisseries, le fromage, le pain ? Vous tenez quelque temps à force de **volonté** puis vous commencez à y penser un peu, beaucoup, vraiment trop. Vous finissez par craquer et vous précipiter dessus. Avec une bonne dose de **culpabilité** qui empêche de savourer vraiment ce que vous mangez. Par exemple, vous évitez tout fromage chez vous mais vous vous jetez avec excès sur le plateau de fromages dès que vous êtes invité(e).

En résumé, les interdits, ça ne marche pas ! Plus on s'interdit quelque chose, plus on y pense, plus on en a envie. Alors que le souci, c'est souvent davantage l'excès qu'un aliment ou un ingrédient en soi. Petit à petit, réintroduisez les aliments que vous vous interdisez, mangez-en un peu, vérifiez si vous les aimez vraiment, banalisez-les, n'en ayez plus peur.

**Plus on s'interdit
un aliment,
plus on en a envie.**

Intestin

Peut-être ne vous souciez-vous pas de votre intestin. Il vous laisse en paix et vit sa vie tranquillement. Tant mieux ! Il fut une époque où on ne parlait pas trop de cette partie du corps, de cet organe jugé peut-être impropre, trop personnel. Sachez qu'il est à la mode. Progression du savoir, de la compréhension de l'importance de l'intestin non seulement dans la **digestion** mais dans un grand nombre de pathologies situées ailleurs dans le corps. Des livres entiers sont consacrés au sujet, voici un simple éclairage.

Naguère, ceux qui avaient toujours mal au ventre se voyaient rétorquer, après examens ne montrant aucune anomalie : « C'est le stress », « Désolé, on ne peut rien faire ». Les gastro-entérologues devaient avouer leur incapacité à trouver une réponse thérapeutique efficace. On a affublé leurs maux de noms un peu barbares : colopathie fonctionnelle, syndrome de l'intestin irritable. Puis sont arrivés des coupables un peu idéaux, le lactose, le **gluten**. Des personnes ont arrêté leur consommation et ont senti qu'elles allaient mieux. Pas tout le monde. Car les causes peuvent être multiples et complexes. L'intestin est encore largement inconnu mais on commence à mieux comprendre son rôle majeur, ce qui s'y joue et ce qui peut mal se passer. Avec des conséquences extrêmement variées, ce qui les rend difficiles à relier : fatigue, allergies, inflammations.

L'intestin peut avoir une fragilité originelle, de même qu'on a la peau plus ou moins sensible. Le microbiote, qu'on appelait naguère la flore intestinale, semble jouer un rôle majeur aussi. Ce sont des milliards de bactéries, d'une grande diversité, qui participent à la digestion et à la protection contre les agressions. Le microbiote est acquis à la naissance, il varie selon le type d'accouchement, il connaît des évolutions selon l'environnement, l'alimentation, l'usage excessif des antibiotiques. Il est capable de se régénérer s'il s'est dégradé. Il semble que sa grande diversité participe à un équilibre global. Un déséquilibre du microbiote, entre autres, entraînerait des petites inflammations de certaines cellules de l'intestin.

La paroi de l'intestin grêle, toute « ridée », est immense et faite pour laisser passer de façon sélective les nutriments, ce dont le corps a besoin, et rejeter le reste. Quand tout va bien. Mais la situation dégénère si cette paroi devient trop perméable du fait des inflammations. Elle laisse passer dans le sang de grosses molécules ou des bactéries qui auraient dû rester dans l'intestin. On parle d'hyperperméabilité intestinale. Avec toutes sortes de conséquences pas encore totalement identifiées : allergies, problèmes articulaires, maladies de peau et beaucoup d'autres probablement. Si l'intestin est fragilisé, des aliments qui sont neutres pour une majorité de personnes peuvent devenir nocifs. Au premier rang desquels le lait (la caséine, une protéine, jouerait un rôle et pas uniquement le lactose), le « gluten moderne », certains **FODMAP** et globalement l'alimentation moderne. Le **stress** n'est pas responsable mais jouerait un rôle aggravant du fait d'une production d'hormones qui lui est associée. Bref, tout cela est fort complexe et on manque de médecins ayant une vision vraiment globale du corps humain pour relier les symptômes.

Si vous avez des « maux de ventre » (et d'autres pathologies durables aussi), ce qui me semble essentiel de faire :

– D'abord, la base, manger de façon tranquille en prenant le temps de mastiquer.

– S'observer de manière à repérer les moments les plus pénibles et comprendre ce qui les détermine.

– Surtout ne pas renoncer à aller mieux, ne pas considérer la situation désespérée même si elle dure depuis des années et a débouché sur un marathon médical : la liberté et la tranquillité alimentaires passent par le confort digestif et la connaissance de ce qui est bon pour soi. Si on est tout le temps confronté à la douleur, inquiet de son transit irrégulier, incertain de ce qu'on peut ou non manger, on n'est pas tranquille.

– Prendre son temps, avancer pas à pas et changer seulement un élément à la fois pour identifier ce qui est responsable.

– Faire confiance aux messages de son corps davantage qu'aux discours extérieurs.

JK

Japon

Le Japon apparaît parfois comme un pays modèle. Avec sa longévité record, ses multiples centenaires. On se dit qu'il doit bien y avoir un lien avec l'alimentation. Alors, on nous sort le régime Okinawa, on met en avant les algues, les champignons shiitake, le thé vert... Certes, tout cela joue sans doute un rôle. Difficile à prouver car comment l'isoler ? On a fini par comprendre que, si les gens d'Okinawa vivent si vieux, c'est parce qu'ils vivent bien globalement : heureux de vivre, en communauté sympathique avec les autres habitants, actifs et en mouvement. Est-il sage de vouloir plaquer un autre mode alimentaire, fort éloigné, sur le nôtre ? Y a-t-il un intérêt à boire du thé vert au sein d'une alimentation purement occidentale (indépendamment du plaisir gustatif) ? Prenons certains ingrédients de ces traditions alimentaires si on en a envie mais ne les idéalisons pas.

Toutefois, il me semble qu'il y a un autre aspect de l'alimentation japonaise qu'on ne met pas assez en avant, c'est sa grande **variété**. Si vous avez déjà vu ou goûté un repas japonais, vous aurez observé que c'est souvent un assemblage de plusieurs petits plats. On dit que les Japonais recommandent de manger trente aliments différents par jour. Faites le compte sur une ou deux journées pour voir où vous en êtes. Dix, quinze, vingt ? C'est déjà pas mal mais pourquoi ne pas essayer de manger encore plus varié ? À bas la monotonie dans l'assiette !

Kilos

Qu'elles sont nombreuses, les personnes focalisées sur le chiffre de leur poids, sur le nombre de kilos que révèle la **balance** ! Pourquoi ce chiffre a-t-il tant d'importance ? Je me demande quand cette préoccupation du poids précis chez les adultes a commencé. (Pour les enfants, il paraît naturel de suivre leur poids pour s'assurer de leur bonne croissance, à supposer qu'on ne puisse pas s'en rendre compte à l'œil nu...) On se fixe des barrières psychologiques : pas question de dépasser 70 kilos par exemple. La vie va-t-elle vraiment changer entre 69,5 et 70,5 kilos ? On a peur de l'engrenage. On a des idées sur le poids qu'on devrait faire, on calcule son indice de masse corporelle (IMC) pour être dans les normes théoriques de la bonne santé. On se réfère au poids qu'on pesait à 18 ans. Mais les kilos, ce ne sont que des chiffres ! On est surtout une personne avec un **corps**, une **silhouette**, un cerveau, des ressentis. De plus, ce chiffre qui perturbe tant est très relatif selon la morphologie, l'ossature, sa musculature... Je me souviens d'une personne qui était passée de 75 à 95 kilos avant de venir me voir. En changeant sa façon de manger et en prenant goût au sport avec une pratique assidue, elle est redescendue à 80 kilos. Et elle n'était pas contente. Alors que sa silhouette s'était beaucoup

musclée et était bien plus fine que son « ancien »
corps de 75 kilos. Mais elle ne voyait que le chiffre !
Essayons de nous éloigner un peu de la balance pour
nous habituer au fait que nous sommes bien autre
chose qu'un nombre de kilos...

L

Légumes

Manger des légumes n'est pas une punition ! C'est pourtant ce que ressentent beaucoup de personnes. Qui se souviennent des légumes infects de la cantine. D'épinards ou chou-fleur mal cuits que les parents forçaient à avaler, avec interdiction de sortir de table avant la fin de l'assiette. Des légumes vapeur insipides des régimes. Des injonctions santé comme « mangez cinq fruits et légumes par jour » qui transforment toute envie en contrainte.

De quoi s'en dégoûter ! Alors que manger des légumes représente un réel plaisir gourmand, plein de variété. C'est plus facile si on a appris à les aimer enfant. Mais il n'est jamais trop tard pour changer de perception. On peut développer sa curiosité pour des légumes divers, qu'on n'a pas l'habitude de manger, s'intéresser à leur goût spécifique, leur texture. On peut éviter la lassitude en suivant les **saisons**, en variant les préparations et les cuissons (poêlés, rôtis, en soupe, en cocotte, en salade, en gratin, en quiche, avec une céréale), en les pratiquant seuls ou dans des combinaisons diverses, en les assaisonnant d'épices et d'aromates. Arrêtons aussi de parler des légumes comme d'une famille uniforme. Ils sont tellement différents ! Parlons aubergine, carotte, champignon, épinard, fenouil, courgette, etc. Apprécions-les mais, contrairement à la recommandation de nombreux **régimes**, il n'y a pas de raison de s'en gaver sans limite, sous prétexte qu'ils sont peu caloriques !

Lenteur

On va de plus en plus vite, vous ne trouvez pas ? Et si on ralentissait ? On travaille de plus en plus, on passe souvent beaucoup de temps dans les transports. Dans le temps qui reste, on veut caser de plus en plus d'activités. On a beaucoup de sollicitations et on a du mal à renoncer à certaines, on passe du temps scotché à divers écrans, on fait plusieurs choses à la fois (marcher et regarder son téléphone portable par exemple !). On mange de plus en plus vite ou en faisant autre chose. On ne veut plus prendre le temps de faire les courses ou de **cuisiner**. Parfois, on a fait du micro-ondes le principal acteur de la cuisine. Bref, on fait tout de façon accélérée et il n'est surtout pas question de prendre le temps de ne rien faire...

Est-ce vraiment bon pour soi ? Est-on satisfait de ce qu'on a fait ? A-t-on profité à fond de ses différentes activités ? Pas sûr. Ne gagnerait-on pas à être plus sélectif dans ses choix, à renoncer à certaines occupations ? Pour mener les autres plus tranquillement, en appréciant le moment pleinement. En prenant le temps du repas comme une occasion de détente et pas un passage obligé aussi pressé que le reste. Il me semble que de plus en plus de personnes ressentent ce besoin de ralentir aujourd'hui. On a sans doute trop accéléré par rapport à ce que notre tête et notre corps sont capables de supporter et on prend conscience du

stress et des tensions que cela crée. Goûtons le plaisir de la lenteur.

Locavore

Il y a quelques années, personne ne parlait de manger local. C'était une démarche naturelle il y a quelques décennies puis cela s'est effiloché. La globalisation des marchés agricoles et les transports ont rapproché les aliments lointains. Mais on est allé tellement loin que le mouvement inverse a surgi. Connaissez-vous les locavores ? Ceux qui ont quelques souvenirs d'étymologie latine traduiront : ceux qui mangent local. Ce mouvement est apparu à San Francisco en 2005. Il était basé sur le principe du « *100-mile diet* » : on ne mange que ce qui est produit à moins de 100 miles (160 kilomètres) de chez soi. C'était assez compliqué à mettre en œuvre et impliquait de se priver de beaucoup de bonnes choses. Pour ne pas décourager les bonnes volontés, on avait droit à cinq « jokers » ou exceptions : cinq aliments non produits dans le périmètre mais dont on ne peut absolument pas se passer. Par exemple le thé, le café, le chocolat, les épices (« exception Marco Polo »). Cela a gagné New York puis d'autres pays, dont la France. L'intérêt n'est pas seulement d'économiser le transport de denrées venues de l'autre bout du monde et la consommation d'énergie qui va avec. C'est aussi d'avoir des aliments qui arrivent à maturité près de chez soi, qui seront plus frais, qui auront davantage de **goût**. On n'est pas obligé d'être aussi rigoureux que ces locavores d'origine. La cuisine est aussi un moyen d'ouverture sur le monde, de partage des cultures. Mais cette orientation peut nous amener à réfléchir sur nos habitudes de **consommation**. L'intérêt c'est aussi de s'informer plus facilement, de raccourcir les circuits de distribution, de trouver de vrais producteurs locaux, de soutenir l'économie locale.

M

Ménopause

Oh, ce mot qui traumatise tant de femmes ! Qui y voient un moment charnière de leur vie. Et croient qu'elles vont forcément prendre du poids. De même que la prise du poids n'est pas une fatalité de l'avancée en **âge**, la ménopause ne génère pas en soi une inéluctable prise de poids. Certes, le corps peut se modifier du fait des changements hormonaux de cette phase : la graisse qui était plutôt dans le bas du corps (cuisses, fesses, hanches) peut s'installer davantage au niveau de l'abdomen. La transformation sera légère si le poids est stable. Face aux besoins énergétiques qui diminuent peu à peu, écouter sa **faim** régule le poids. Or, dans cette période de la vie, parfois, on n'y arrive pas. Des **envies de manger** émotionnelles peuvent surgir plus fréquemment. Si on ne vit pas très bien cette étape, si les circonstances de la vie professionnelle ou personnelle subissent quelques aléas, si on s'inquiète pour l'avenir, si on se sent moins séduisante, si les enfants s'éloignent. Peut-être cherche-t-on alors un **réconfort**, générateur de quelques kilos en plus. Ou alors, les bouleversements hormonaux créent une appétence accrue pour le sucré. Ou on s'est restreinte pendant des dizaines d'années pour garder une ligne parfaite et soudain, on se dit « à quoi bon ? » et on se lâche. Si, donc, on prend quelques kilos, on n'accuse pas la ménopause mais on s'observe pour comprendre pourquoi on mange trop. Et on décide ce qu'on veut **changer** pour retrouver la sérénité.

Métabolisme

Le métabolisme de base, c'est le besoin en énergie de notre **corps** pour fonctionner, avant même toute activité physique. Il correspond à une quantité de calories, donc de nourriture répondant à ce besoin. Le métabolisme de base est lié à l'**âge**, au sexe, à la taille, au poids, à la masse musculaire. Mais il y a aussi une part individuelle qui fait que deux personnes de mêmes caractéristiques physiques ne dépenseront pas forcément de l'énergie avec la même intensité. Celles dont le corps est « économe » sont parfois jalouses des corps qui « brûlent » tout très vite et peuvent donc manger beaucoup. Celles dont le corps est très consommateur aimeraient parfois manger moins, surtout quand la nourriture est rare. Ces différences existent, il faut essayer de les accepter.

Minceur

La minceur n'est pas un problème en soi. Des personnes sont naturellement minces et il n'y a aucune raison de leur en vouloir. Le problème est de vouloir l'imposer à tout le monde, de décréter que c'est la référence de beauté et de santé. Cette minceur voire maigreur qui est devenue une norme est source de nombreux et sérieux dégâts. Montrée comme un idéal à atteindre (et qui serait atteignable), elle pousse énormément de femmes dans un engrenage de **régimes** avec les reprises de poids qui l'accompagnent. Engrenage qui peut déboucher sur une **culpabilité** permanente, des troubles du comportement alimentaire, un auto-dénigrement. Beaucoup de femmes veulent perdre du poids pour atteindre cette norme alors qu'elles ne sont pas du tout en **surpoids** au départ. Simplement, elles ne font pas une taille 34. Elles ont souvent l'impression que tout ira mieux avec quelques kilos de moins. Avec le risque d'une cruelle désillusion. Dans la phase, généralement courte, où on atteint la **silhouette** rêvée, on réalise qu'on n'est pas plus heureuse même si l'on peut mettre d'autres vêtements. Essayons de prendre du recul et d'abandonner des rêves irréalistes même si c'est bien difficile dans un monde de beauté formatée.

Mincir (et pas maigrir[1])

Il y a deux façons de mincir. Soit en faisant un régime. Soit en travaillant sur l'écoute de ses sensations et ce qui la perturbe. Pour ma part, je ne donne pas de **régime**. Car je sais le mal qu'ils font. Mais il est clair qu'on vient souvent me voir pour mincir. Alors, peut-on mincir sans régime ? Eh bien, oui ! Mais sans doute pas toujours. Je dirais « ça dépend ». Notamment de son histoire alimentaire et de sa relation à la nourriture.

Une personne qui mange trop, par habitude, par éducation, qui le fait très souvent, machinalement, par inattention à ses sensations alimentaires, pourra mincir assez facilement sans régime en se reconnectant

---

1. On parle souvent d'être mince et de maigrir. Je trouve cela incohérent. Parlons donc de mincir !

à ses sensations, en réapprenant à manger quand elle a faim, et à s'arrêter quand elle est rassasiée (ce qui n'est parfois pas aussi simple que cela en a l'air...).

Une personne qui mange trop pour des raisons émotionnelles, qui a besoin de se tourner vers la nourriture quand elle est stressée, angoissée, énervée, quand elle s'ennuie, etc., pourra apprendre peu à peu à reconnaître et à accepter ses **émotions** sans avoir recours à la nourriture : cela peut demander du temps si c'est un mode de fonctionnement bien ancré. Mais quand elle y parvient, cette personne perd du poids là aussi sans se priver mais en revenant à ses besoins physiologiques, en remettant la nourriture à sa place.

Cela peut devenir plus compliqué dans le cas d'une personne qui a fait pendant longtemps un très grand nombre de régimes, quasiment sans discontinuer. Peu à peu, au fil des régimes et de l'effet **yoyo**, elle a pris pas mal de poids : les privations ont ralenti son **métabolisme** et donc ses besoins d'énergie. Si elle est encore une mangeuse émotionnelle, elle peut diminuer ses apports. Sinon, la marge est parfois étroite, il s'agit de remanger « normalement », de faire la paix avec l'alimentation (ce qui peut être déjà beaucoup pour la tête !), de voir si elle a envie de bouger davantage pour relancer son métabolisme. On ne comprend pas encore tout du « fonctionnement » de nos cellules graisseuses et de la façon dont elles résistent. Cette personne perdra peut-être du poids mais moins facilement et peut-être pas autant qu'elle le voudrait. En général, elle n'a pas d'autre solution car elle a fini par être dégoûtée des régimes !

Enfin, il y a des personnes qui sont à leur poids naturel, voire en dessous. Elles souhaiteraient mincir pour obtenir une **silhouette** qu'elles jugent idéale mais qui n'est pas vraiment la leur. Si une telle personne veut perdre quelques kilos, elle ne pourra le faire qu'au prix de **privations** rigoureuses, d'un régime restrictif. Cela en vaut-il vraiment la peine ? Si elle décidait plutôt de s'accepter, de faire la paix avec ce corps qui ne demande que ça ?

Mode

Notre vision de la femme, de son **corps**, de la beauté, de ce qu'elle devrait être et de ce qu'on voudrait pour soi est influencée par de nombreux facteurs. Parmi eux, bien qu'ils s'en défendent, la mode et les magazines féminins jouent un rôle non négligeable. À travers les photos de mode, les publicités, la façon dont sont taillés et montrés les vêtements, les défilés. C'est une certaine image de la femme jeune, jolie, mince, maquillée, élégante, qui s'imprime dans nos têtes, plus ou moins consciemment. Cela devient un modèle dont il faut s'approcher, notamment en terme de **silhouette**. Où est la **diversité** ? Bien sûr, de temps en temps, on parle de la mode « spécial rondes » ou on propose de lutter contre les troubles alimentaires inhérents au monde du mannequinat. C'est limité et éphémère. L'omniprésence du corps ultra mince reprend vite le dessus. Pour avoir travaillé sur le sujet avec de jeunes **ados**, j'ai constaté combien leur perception de la « normalité » corporelle tendait vers la grande minceur des photos de mode. On argue que celles-ci « vendent du rêve ». Le rêve passe-t-il forcément par une silhouette maigre et adolescente ? Je ne réclame pas des femmes sinistres et mal fagotées ! Mais pourquoi ne voit-on quasiment jamais dans les magazines de jolies femmes, souriantes et séduisantes faisant une taille 40 ou 44 ? Ne me dites pas que c'est difficile à trouver ou qu'elles porteraient mal les vêtements ! Nous pouvons agir personnellement : en n'achetant pas certains magazines, en laissant de côté des marques obstinément orientées vers l'extrême minceur, en montrant qu'on peut être belle et épanouie hors de ces canons de beauté.

Il y a aussi des modes alimentaires qui portent en triomphe momentanément des aliments et des soi-disant révélations en matière de régimes. Riche en gras ou tout le contraire, sans sucre, hyper-protéiné ou hypo-calorique, *low-carb* (faible en féculents), dissocié, selon les moments de la journée ou votre groupe sanguin. Peut-être d'après votre signe astral aussi ou votre couleur de cheveux ? Dans la tendance actuelle, on a l'impression d'une nette orientation vers le bien-être et la santé (régime crudivore, sans **gluten**, paléo, **detox**, etc.) mais il est en général question de vous vendre aussi de la minceur dans le « package ». Quand je me désole d'une nouvelle folie restrictive qui apparaît et envahit les rayons alimentaires, je me console en me disant que ce n'est qu'une mode et qu'elle sera vite remplacée...

Mouvement

Quand on parle mouvement, il s'agit de bouger son corps, pas forcément de faire du **sport**. En fait, de garder ou retrouver une façon d'être naturelle. Avez-vous observé à quel point les petits enfants sont toujours en mouvement à partir du moment où ils apprennent à marcher : ils n'arrêtent que quand ils tombent de fatigue. Ce n'est pas un effort. Mais les adultes (et les adolescents, les enfants de plus en plus tôt) trouvent qu'il existe bien d'autres activités intéressantes ne nécessitant pas de bouger : lire, regarder la télévision, surfer sur Internet... De quoi devenir très sédentaire. Or, vous avez sûrement déjà entendu parler des méfaits de la sédentarité, des recommandations de marcher trente minutes par jour... Est-ce si important ?

D'abord nous sommes toujours des chasseurs-cueilleurs (comme il y a des dizaines de milliers d'années). Pas dans nos activités et notre mode de vie bien sûr ! Mais dans le fonctionnement de notre organisme. Or, nous parcourons chaque jour en moyenne 16 kilomètres de moins que ces ancêtres. Autant dire que nos besoins alimentaires sont vraiment inférieurs aux leurs. Et année après année, la sédentarité augmente. On ne peut donc évidemment pas avoir des apports alimentaires similaires aux leurs, ni même à ceux de nos grands-parents ou arrière-grands-parents.

Il nous faut écouter notre **faim** pour manger selon nos besoins plus modestes. Je vois ainsi beaucoup de personnes qui découvrent qu'elles peuvent manger beaucoup moins que ce qu'elles imaginaient, sans du tout s'affamer, mais au contraire en se sentant beaucoup mieux. Mais ce n'est pas forcément la panacée de moins manger, car cela peut limiter nos apports en nutriments divers. Notre corps n'aime pas tant que ça l'immobilisme, il n'est vraiment pas fait pour ça. Parallèlement à écouter sa faim, il est donc bon pour notre santé et notre bien-être de BOUGER. Et pas besoin d'être obsédé par le sport. Pas besoin de pratique intensive ou de sport-contrainte si on n'aime pas ça. Un peu d'activité physique au quotidien est bénéfique pour la santé. Aller faire quelques courses ou accompagner ses enfants à pied, faire un tour pour s'aérer après le déjeuner, faire des balades à vélo, jardiner, faire le tour de son quartier pour découvrir de nouveaux lieux, faire une partie de son trajet pour le travail à pied... Ce sont toutes ces façons quotidiennes et simples de bouger qui nous feront du bien. Non seulement c'est un des facteurs pour préserver sa santé à long terme mais cela nous procure dans l'immédiat une détente, un bien-être corporel, une plus grande forme générale (peuvent s'améliorer le souffle, la circulation, le transit, le **sommeil**, etc.), moins de **stress**... Que du bonheur !

N

Nutrition

La nutrition est une science jeune, avec finalement peu de certitudes. Pourtant, vous avez sans doute l'impression de lire beaucoup d'informations nutritionnelles, de résultats d'études sur telle catégorie d'aliments, de nutriments. Avec souvent des conclusions contradictoires. Un jour, on défend les bienfaits du lait, le lendemain, on le diabolise. Le café, c'est bon pour la santé ; oh non, il faut l'éviter. Le vin, idem. Le **pain** fait grossir ou au contraire il régule l'appétit. Le **petit déjeuner**, c'est le repas le plus important. Jusqu'à ce qu'une étude ait dit le contraire. Etc. Depuis quelques années, on parle de cacophonie nutritionnelle.

Pour ne pas s'embrouiller, il est essentiel de prêter attention aux sources. Beaucoup sont peu sérieuses car elles émanent de non spécialistes ou sont basées sur des études aux échantillons trop faibles ou menées avec des méthodologies fantaisistes. Je suis très rarement convaincue. Peu d'études vraiment fiables existent. En effet, pour qu'une étude soit sérieuse, il faudrait qu'elle porte sur deux populations similaires ; on changerait un élément de l'alimentation de l'une d'elles et on observerait ce qui se passe sur le long terme. Ce serait long et complexe, donc coûteux. Mais nécessaire pour vraiment comprendre ce qui fait la différence. Ainsi, les Japonais ont la plus grande espérance de vie, et encore davantage les habitants d'Okinawa : est-ce grâce au thé vert, aux algues, au poisson, à la **variété** alimentaire ou à leur mode vie global ?

Comme mener ce type d'études est complexe, on publie des études épidémiologiques : on tire des conclusions après coup en examinant les caractéristiques d'une population. Mais il se passe tellement de phénomènes physico-chimiques complexes entre le corps et les aliments qu'il est difficile d'isoler un facteur en particulier. Il convient donc de se méfier des études qui idéalisent les bienfaits d'un aliment. Parfois on fait des méta-études : des experts prennent la totalité des études existant sur un sujet – cela représente une énorme quantité d'études disponibles en France et à l'international – pour voir si on peut en tirer des conclusions fiables. Pas de révélation fracassante. À chaque fois, on finit par conclure sur des généralités de bon sens, sans privilégier aucun aliment. Limiter l'**alcool**, le sel, les viandes rouges et charcuteries, les aliments denses en énergie, manger des fruits et légumes, avoir une activité physique régulière. Finalement, il est important d'avoir une bonne hygiène de vie globale, de manger varié, en fonction de ses besoins, de bouger un peu.

Selon moi, il convient aussi de ne pas trop se prendre la tête mais de profiter de la vie. Une de mes phrases favorites a pour auteur Sénèque : « Personne ne se soucie de bien vivre, mais de vivre longtemps, alors que tous peuvent se donner le bonheur de bien vivre, aucun de vivre longtemps. » Pour ma part, je travaille à « dénutritionnaliser » l'alimentation, un paradoxe pour une diététicienne-nutritionniste, n'est-ce pas ? Cela me fatigue qu'on présente un aliment dans un média, un restaurant, un site, d'abord par ses propriétés nutrition-nelles plutôt que par son goût, son histoire, sa provenance, la façon dont il a été préparé, cultivé, produit. Je préfère qu'on parle d'aliments que de nutriments, qu'on ne pense pas d'abord à sa santé quand on mange mais au plaisir des sens et au bon moment qu'on vit.

La cacophonie a peu de chances de s'arrêter toute seule. Alors, la seule solution, c'est d'arrêter de vous précipiter sur Internet ou les magazines féminins pour des sujets nutrition rendus caducs aussi vite qu'ils sont arrivés. Vous économiserez du temps et, à la place, pourrez réfléchir à ce que vous avez envie de manger, à de nouvelles recettes à essayer et à des tas d'autres sujets !

Nutritionniste

Souvent on me demande la différence entre diété-ticienne et nutritionniste. Le diététicien a obtenu un diplôme de diététique, et cela par le biais d'un BTS ou d'un DUT. C'est une profession paramédicale dont la pratique est strictement réglementée. Personne ne peut pratiquer ce métier sans ce diplôme et tout exercice illégal est poursuivi et sanctionné. C'est donc assez simple. C'est plus compliqué du côté des nutritionnistes. « Nutritionniste » n'étant pas un terme réglementé, tout le monde peut se dire « nutritionniste ». En premier lieu, les diététiciens, qui font partie des principaux spécialistes de la nutrition, se qualifient de diététiciens-nutritionnistes. Il y a des médecins nutritionnistes. Certains ont suivi des études dans ce domaine, acquis une grande expérience, sont très compétents. D'autres, avec le même titre, sont des généralistes qui ont seulement un vernis léger. La nutrition n'est pas reconnue comme une spécialité de médecine, donc ne donne pas lieu à une prise en charge de spécialiste par l'assurance maladie.

Il y a par ailleurs des personnes qui se disent nutritionnistes car elles ont suivi des études universitaires dans ce domaine. Elles connaissent la nutrition du point de vue scientifique mais, en revanche, ne font pas partie du secteur médical ou paramédical. Elles travaillent dans le conseil, l'agro-alimentaire, la recherche. Enfin, diverses personnes prennent des appellations plus ou moins originales pour vendre leurs prestations : coach nutritionnel, expert en nutrition, nutri-thérapeute, nourri-thérapeute, etc. Qu'en penser ? Quel est leur socle de compétences ? Quel que soit votre intérêt pour une de ces approches, creusez un peu pour savoir à qui vous avez affaire.

O

Occasions

En France, la **convivialité**, les retrouvailles, les fêtes familiales se passent souvent autour de la table. C'est l'occasion de beaux moments de gourmandise. Mais ce peut être source de **culpabilité**, de remords : « Zut, j'ai encore trop mangé », « Plus 2 kilos direct sur la balance », « Je vais finir par refuser les invitations si c'est aussi catastrophique pour ma ligne »... Beaucoup de personnes raisonnables au quotidien se lâchent dès que les « occasions » festives arrivent. Elles croient que chaque repas à l'extérieur les fait grossir... C'est peut-être vrai mais ce n'est pas une fatalité.

Si on se restreint la semaine, qu'on s'interdit certains aliments, on va craquer et lâcher ce contrôle le week-end ou à la moindre occasion inhabituelle en faisant des excès, en se jetant par exemple sur le plateau de fromages parce qu'on n'en achète jamais.

Si on a des semaines très stressantes côté travail et contraintes, on décompresse le week-end et cela peut passer par un lâchage alimentaire.

Si on a une **famille** ou une belle-famille pour laquelle l'abondance est le socle du bien recevoir et qu'il faut se resservir, finir les plats, on risque de dépasser largement son appétit.

Si on refuse de renoncer à la moindre bouchée, qu'on veut tout goûter, même devant un **buffet** pantagruélique.

Si on a trop mangé à un repas et que, plutôt que de faire confiance à la régulation naturelle de son **corps**, on se remet à table sans faim parce que c'est l'heure.

Bref, ce ne sont pas les occasions qui font grossir mais la façon de les aborder, sans écouter son appétit : il n'est pas question de se priver mais de savourer en profitant de ce qu'on aime sans ressortir de table « le ventre bien tendu »... Ainsi, on peut arriver en ayant faim, mais sans être affamé, sous peine de se jeter sur l'**apéritif**. On peut essayer de repérer le repas dans sa globalité pour « gérer » son appétit et le réserver pour ce qu'on préfère. On peut apprendre à dire non. Pour que ces occasions soient gourmandes et pas exagérément lourdes.

Organisation

Que l'on soit du genre prévoyant et structuré ou de tempérament spontané et improvisateur, un minimum d'organisation paraît nécessaire pour manger bon et varié.

Dans le premier cas, on va plutôt faire des menus, préparer une liste de courses, savoir exactement ce qu'on va manger. L'avantage, c'est un gain de temps et de la tranquillité. Le risque, c'est d'acheter toujours la même chose et de tomber dans une alimentation monotone. Ou de manger un plat dont on n'a pas vraiment envie, simplement parce que c'est prévu. Pour éviter cet écueil, on peut se constituer un répertoire de plats dans lequel on va puiser les projets de repas de la semaine avec souplesse sans se dire que « lundi, c'est ravioli ! ». Répertoire qu'on enrichira peu à peu de nouvelles recettes glanées de-ci de-là. Si on est vraiment un pro de l'organisation, on a un classement de recettes multi-critères, on note quelque part les repas qu'on a servis aux invités, etc.

Pour la deuxième catégorie de gens, une réjouissante improvisation sera facilitée par des **placards** (et réfrigérateur, **congélateur**) bien garnis. Faire régulièrement des courses pour avoir ses ingrédients favoris à disposition assure une variété spontanée pour qui fait confiance à ses ressources créatives. Conserves nature, bocaux, légumes bruts, diverses céréales, fruits secs et oléagineux, graines, épices et aromates, œufs, fromages, assaisonnements divers. Plus un peu de produits frais. Pour décider au dernier moment de préparer salades, pâtes, gratin, quiche, dessert, etc.

Il n'existe pas
d'aliment parfait.

Orthorexie

Vouloir manger sain, ne pas donner « n'importe quoi » à son corps, quoi de plus normal si on prend soin de soi ? Mais cela peut parfois tourner à l'obsession. Une quête incessante d'une nourriture parfaitement saine, pure, ne présentant aucun danger. Les spécialistes ont trouvé un mot pour désigner cela : l'orthorexie, désormais cataloguée dans les troubles du comportement alimentaire (étymologiquement « manger droit »). Le comportement orthorexique peut avoir deux variantes selon les spécialistes : l'hypocondriaque qui vit dans la peur des maladies et espère se protéger via une alimentation parfaite. Et le paranoïaque qui se persuade qu'on veut l'empoisonner.

Nous sommes des omnivores, nous avons besoin d'une alimentation variée, mais en même temps goûter de nouveaux aliments nous inquiète, on pourrait s'empoisonner. Cette peur n'est plus tant liée, aujourd'hui, à un poison réel qu'à des aliments jugés néfastes, dangereux, suspects. Quand on veut les éviter, on devient de plus en plus strict dans sa façon de manger, on cherche à se nourrir uniquement de « bons aliments ». Alors qu'il n'y a pas d'aliment parfait !

Ce trouble a été décrit il y a quinze ans aux États-Unis et il existe un test pour déterminer si on en est atteint. Mais il y a des problèmes d'évaluation. Où cela commence-t-il ? Comment fixe-t-on une limite claire entre simplement manger sain et avoir un comportement obsessionnel ? Sans doute quand cela perturbe sérieusement la vie quotidienne. Quand on se met à refuser systématiquement de manger des aliments qu'on n'a pas choisis soigneusement et cuisinés soi-même, quand on ne peut plus partager un dîner chez des amis ou au restaurant, quand on fait des détours importants pour s'approvisionner dans un lieu jugé parfaitement sûr, quand on développe une méfiance permanente vis-à-vis des aliments courants, qu'on supprime de nombreuses catégories d'aliments, quand tout cela occupe la majorité des pensées. C'est alors qu'il faut sans doute traiter l'orthorexie, car elle dégrade vraiment la qualité de vie. Traiter, cela signifie apaiser les angoisses, comprendre les fondements de ces peurs, travailler sur les pensées récurrentes autour de la nourriture, rassurer puis réintroduire progressivement des aliments pour aller vers une relation plus tranquille avec eux. Retrouver la curiosité de goûter, cuisiner, manger avec plaisir, dans la convivialité, des aliments dont on pense du bien. Avec une large variété car c'est la meilleure protection contre les « poisons » éventuels de certains aliments.

P

Pain

Le pain, un des symboles de l'alimentation française, souffre. Il a d'abord subi pendant des années l'idée persistante qu'il faisait grossir. Au moment où cette crainte diminue et où on le réhabilite comme énergisant et rassasiant, patatras, arrive la peur du **gluten** ! Mais n'est-il pas à la fois victime et responsable de cette phobie ? Victime sans aucun doute car les personnes qui arrêtent le gluten interrompent aussitôt leur consommation de pain classique à base de blé. Et se tournent éventuellement vers des substituts à base de sarrasin, riz, pois chiches. Mais responsable aussi, dans sa version moderne qui l'a rendu moins digeste.

De l'intervention de chaque acteur (paysan, meunier, boulanger, consommateur) dépend la qualité du pain, notamment côté digestion. Au cours des dernières décennies, la production de pain a connu une large standardisation. Celle-ci est probablement en partie responsable des problèmes de digestibilité du pain, qui fait passer tant de monde au sans gluten. Or, il existe du pain « vertueux » tout à fait digeste mais il est malheureusement emporté dans la même vague de défiance. Récapitulons.

Le paysan cultive du blé. Est-il homologué bio ou utilise-t-il des intrants (pesticides, etc.) ? Cultive-t-il des blés standardisés ou des blés anciens, des variétés devenues rares ? Pour faciliter le travail des boulangers et augmenter la rentabilité, on a sélectionné certains blés plus résistants, plus panifiables, de haute « qualité boulangère », où le gluten est plus fort et va permettre au pain de bien gonfler. Alors, est-ce dû au type de gluten, à sa force, à sa répétition dans tous les pains, toujours est-il que les pains faits avec ces blés modernes, aujourd'hui majoritaires, semblent plus difficiles à digérer.

Le meunier achète du blé, le transforme en farine, qu'il fournit aux boulangers. Aujourd'hui, les moulins sont automatisés, utilisent des cylindres qui broient très vite les épis de blé, évacuent le germe et fournissent une farine appauvrie. Il reste peu de moulins artisanaux. Avant (cela existe encore un peu), on utilisait une meule de pierre. Elle permettait de conserver le germe de blé, riche en nutriments et enzymes. Si on veut obtenir une farine complète, on garde le son (l'enveloppe) du blé, on a davantage de fibres mais pas forcément beaucoup plus de nutriments. Une farine blanche donnera un pain moins rassasiant. Mais une farine complète non bio risque de contenir des pesticides.

Le boulanger choisit ses ingrédients et fait le pain. Du pain, c'est de la farine, de l'eau, du levain ou de la levure, du sel. Le boulanger se soucie plus ou moins de la qualité de la farine. Aujourd'hui, il est souvent lié à un grand moulin et a peu de marge de manœuvre. Il y a toutefois un renouveau de boulangers impliqués, soucieux de la traçabilité de leur farine, travaillant en bonne coopération avec de plus petits moulins. Faire du pain, c'est mélanger et pétrir les ingrédients, laisser reposer la pâte (première fermentation), façonner (faire des boules de pâte ou pâtons), laisser reposer au chaud (deuxième fermentation), cuire. Quand on pétrit, les protéines du blé s'agglutinent et constituent le réseau de gluten, qui donne de la force à la pâte et permet aux ferments (du levain ou de la levure) de faire leur travail. Le gaz carbonique dégagé par la fermentation provoque la levée de la pâte. Si le pétrissage est rapide, il conserve davantage les qualités et arômes de la farine. La levure est omniprésente chez les boulangers car elle est plus facile à utiliser, garantit des résultats plus réguliers. Le levain, outre les arômes qu'il apporte, est important dans la digestibilité : s'il est associé à une fermentation longue, on bénéficie d'une destruction de l'acide phytique (un composant des céréales qui nuit à la bonne digestion des nutriments) et d'une « pré-digestion » du gluten.

Le mangeur qui veut être certain de bien digérer achète du pain bien cuit. Il attend de préférence que le pain refroidisse : quand on mange le pain chaud à peine sorti du four, il contient beaucoup de gaz carbonique. Si celui-ci se dégage dans l'estomac plutôt que dans l'air, on aura des ballonnements. Il savoure son pain en le mâchant bien plutôt que de l'avaler très vite, il maîtrise la **quantité** et ne dévore pas une baguette entière parce qu'il est affamé. La fragilité individuelle de l'**intestin** peut jouer un rôle dans un inconfort éventuel.

Bref, la digestibilité est liée aux ingrédients, aux gestes, au temps pris par le boulanger et le mangeur. Soit tout va mal et le pain a peu de chance d'être digéré et de rassasier, soit tout va bien et on a un pain nourrissant énergétiquement et nutritionnellement, facile à digérer et savoureux. Il y a bien sûr des situations intermédiaires qui peuvent être satisfaisantes selon les différents aspects évoqués : avec une farine de haute qualité et un boulanger imparfait, avec une farine standard et un boulanger attentif, avec un pain quelconque mais un mangeur au système digestif à toute épreuve. Si pour des raisons digestives, nutritives ou gustatives, on souhaite se tourner vers un pain « vertueux » plutôt que tristement arrêter le pain, on peut chercher un boulanger passionné qui travaille avec des farines de blés anciens et du levain. Bien sûr, on n'a pas forcément un tel commerce en bas de chez soi. On peut chercher, faire un peu plus de chemin, acheter du pain en bonne quantité qui se conservera sans problème plusieurs jours (vous avez essayé avec une baguette ?) et pourra aussi être congelé en tranches. Ou on peut décider, si on est persévérant, d'apprendre à cultiver son levain et faire son pain soi-même...

Perfection

La volonté de perfection permanente, le perfectionnisme excessif peuvent facilement entraîner dans un cercle vicieux alimentaire. Vouloir être parfaite (parlons des femmes surtout) conduit à se mettre une pression excessive dans tous les domaines de la vie. Il faut être performante au boulot, élégante, mince, sportive, être une mère présente et attentive si on a des enfants. Avoir une vie sentimentale réussie. Garder du temps pour des loisirs culturels ou associatifs. Aménager une jolie maison. Tout cela avec le sourire. Tant de pression n'est pas supportable et rend inévitable le besoin de soupapes, de moments de décompression. Se réfugier dans la nourriture peut en être un. Si on est par ailleurs en **restriction** pour garder une **silhouette** parfaite, on craque plus facilement. On culpabilise terriblement car on n'est pas conforme aux standards élevés qu'on s'est fixés. D'où une alternance de tentatives de restriction, de moins en moins faciles, et de **craquages**, de plus en plus mal vécus.

Ce perfectionnisme peut venir d'un milieu familial très exigeant, repoussant toujours les limites de ce qui est satisfaisant. Disant toujours à un enfant qu'il peut mieux faire. Ou d'un perfectionnisme hérité qui se focalise sur l'apparence, une mère en restriction permanente pour garder la ligne, des parents hyper sportifs. Pour en sortir, il faut relâcher un peu la pression qu'on se met, essayer de développer de l'auto-bienveillance, trouver des moyens de se détendre, s'octroyer un peu de temps vacant. Faire des choix en réfléchissant à ce qui est vraiment important pour soi, à ses priorités de vie.

Petit déjeuner

Ah, que d'affirmations sur ce premier repas de la journée ! Pour ma part, je considère que chaque personne est différente et a donc son propre rythme alimentaire et ses préférences. Il n'y a donc pas de petit déjeuner idéal pour tous. L'important, c'est de bien se connaître pour, si possible, avoir faim au bon moment. On n'est, par exemple, pas obligé de petit-déjeuner si l'on n'a pas faim du tout. On peut emporter un en-cas à manger tranquillement en cours de matinée si la faim arrive. Si on n'a jamais faim le matin, on peut se demander si on ne fait pas des dîners trop copieux. Ou si on n'aurait finalement pas besoin que de deux repas par jour.

Un « bon petit déjeuner », ce pourrait être un petit déjeuner qu'on a plaisir à prendre parce qu'on a un peu **faim** et qu'il apporte des aliments qu'on apprécie. Certains préféreront des tartines et un café, d'autres un petit déjeuner salé avec du jambon ou du fromage, d'autres encore un bol de céréales. C'est aussi un petit déjeuner adapté au temps disponible, qu'on n'est pas obligé d'avaler à toute vitesse. C'est un petit déjeuner qui rassasie et permet de « tenir » jusqu'au déjeuner (sauf peut-être si on doit le prendre à 5 ou 6 heures du matin). Si ce n'est pas le cas, c'est peut-être qu'il est inadapté, pas assez copieux ou digéré trop rapidement. Certaines personnes ont ainsi intérêt à privilégier un petit déjeuner salé comprenant du jambon ou du fromage plutôt que du sucré car il les rassasiera mieux et plus longtemps. En revanche, il ne s'agit pas de manger au-delà de son appétit : oubliez cet adage souvent répété « Un petit déjeuner de roi, un déjeuner de prince, un dîner de mendiant » que certains s'approprient pour faire un énorme petit déjeuner sous prétexte que « tout sera brûlé ». Si on n'a pas faim au moment de passer à table au déjeuner, c'est que le premier repas de la journée était trop nourrissant.

Le tout est donc de faire des expériences pour trouver, si on ne l'a pas encore fait, le petit déjeuner qui concilie plaisir, praticité et rassasiement durable.

Placard

« Bien manger », cela passe par un peu d'organisation... sauf si on est un pro de l'impro. Dans les deux cas, c'est utile d'avoir une série d'ingrédients de base dans ses placards en fonction de ce qu'on aime manger. Notamment des aliments non périssables qui peuvent aider à constituer un repas de secours ou contribuer à embellir un plat. C'est chacun selon ses habitudes, ses goûts, ses moyens, son périmètre alimentaire... Voilà quelques exemples :

– diverses céréales et légumineuses : pâtes, riz, semoule, boulgour, quinoa, sarrasin, lentilles, haricots, pois chiches, pois cassés, etc. ;

– des bocaux ou conserves de légumes nature ou peu cuisinés ;

– des boîtes de thon, sardine, maquereau ;

– des fruits secs et des oléagineux : raisins et abricots secs, pruneaux, amandes, noisettes, noix, noix de cajou, cacahuètes, graines de courge, d'arachide, de sésame, etc. ;

– des ingrédients pour la pâtisserie : farines, produits sucrants, chocolat ;

– des épices et aromates, moutarde, cornichons, câpres...

On peut ainsi parfois improviser un repas de « cuisine du placard ». Par exemple, des pâtes à la sauce tomate et au thon, une salade de lentilles, des légumes sautés et de la semoule... Évidemment, de nos jours, la « cuisine du placard » inclut très souvent le frigo et le congélateur.

Plaisir

Le plaisir de manger est complexe à défi[?] personnel, lié aux **préférences** de chacun. [?], plusieurs conditions peuvent favoriser une satisfaction sensorielle et émotionnelle :

- Manger quand on a une bonne faim (sans être affamé) car on aura une meilleure perception sensorielle de ce qu'on mange.

- Prêter **attention** à ce qu'on mange, manger consciemment dès les premières bouchées : si on mange machinalement, on « rate » une partie des sensations gustatives. On risque d'être frustré et de continuer à manger ou de se resservir pour rattraper ce qui a été manqué.

- Manger ce qu'on aime car c'est ainsi qu'on est satisfait. Si on mange un aliment, un plat parce qu'*il faut* le manger (régime, croyance, problème d'organisation), le plaisir risque fort d'être absent.

- Manger ce dont on a envie : au-delà des préférences générales, il y a l'envie du moment, la satisfaire renforce le plaisir perçu.

- Manger dans un contexte agréable, qu'il s'agisse du confort, de l'ambiance visuelle et sonore ou d'être entouré de convives choisis.

Ressentir du plaisir à manger participe au **rassasiement** et permet donc de s'arrêter de manger sans frustration. Bien sûr, il arrive de manger un repas sans plaisir, pour se nourrir, parce qu'on n'a pas le temps, pas le choix, d'autres priorités. Pour certains, cela n'a pas d'importance. Mais si le plaisir de manger compte, prendre conscience de la frustration aide à la relativiser. On peut alors décider qu'on rectifiera cela au repas suivant plutôt que de chercher une compensation immédiate.

Poids

Attention à ne pas donner à notre poids, au chiffre de nos **kilos**, trop de place dans ce qui nous définit. Et dans ce qui définit les autres : pourquoi en parler autant ? Pourquoi donner des conseils bien intentionnés pour en perdre ? Pourquoi faire tourner autant de conversations autour de ce thème ? Pourquoi si souvent complimenter la personne qui a visiblement perdu du poids ? Elle n'était donc pas bien avant ? Avait-elle vraiment envie que vous évoquiez ce sujet ? Êtes-vous suffisamment averti(e) de ses préoccupations ? Réfléchissez quelques instants la prochaine fois que vous aurez envie de parler perte de poids avec un(e) proche ou un(e) collègue...

Préférences

Chaque personne a des préférences alimentaires, construites par l'**éducation**, les rencontres, les voyages, la curiosité, les expériences. On garde dans un coin de notre mémoire les goûts de l'enfance, nos madeleines de Proust, et notre éducation façonne certaines habitudes. Ne croyons pas que cela nous fige dans un carcan alimentaire, car nos préférences continuent d'évoluer. On peut aussi remettre en question de temps en temps nos dégoûts pour voir s'ils bougent. Pour ma part, je n'aime pas les olives mais j'en regoûte régulièrement pour vérifier si je les accepte mieux comme cela a été le cas au fil du temps pour la polenta, la moutarde, les anchois, les salsifis, les choux de Bruxelles et même, si elle est bien accompagnée, la betterave ! Je vous dis ceci pour vous inciter à ne pas rester sur vos dégoûts d'enfance et de cantine. Et il n'y a pas d'inquiétude à avoir quand un **enfant** – ou un adulte – ne mange pas d'un aliment ou se cantonne à une alimentation très monotone, rien n'est définitif !

Ne façonnons pas ces préférences par des règles nutritionnelles. Laissons à égalité les frites et les haricots verts. Diaboliser les unes et parer de toutes les vertus les autres ne ferait que rendre plus désirable ce qui est « mal ». Et sinistre ce qu'on se sent obligé de manger. Proposer tous les aliments à égalité, sans arrière-pensée, peut donner des résultats inattendus aux yeux des parents. Ainsi, j'ai vu une maman s'étonner des préférences de sa petite fille, adepte des poireaux, et sans même de vinaigrette ! Ou une ado avouer qu'elle aimait au-delà de tout... les pois gourmands ! Laissons les enfants affirmer leurs préférences alimentaires, souvent très variables au sein d'une même famille, et donc un peu mystérieuses, et encourageons-les en leur faisant découvrir des saveurs multiples, sans **interdits**, en développant leur curiosité gustative. C'est ce qui leur donnera envie d'avoir une alimentation variée tout au long de leur vie.

Privation

La privation, ça ne marche pas ! Pourtant, trop de personnes croient encore que c'est la seule façon de gérer son alimentation pour perdre du poids ou traiter un problème de santé. Certes, elles tiennent un temps à force de **volonté** mais cela finit par lâcher. Pourquoi cela ne marche pas ? Parce que, plus on se prive d'un aliment qu'on apprécie, plus on en a envie. Et donc, on finit par craquer et se jeter dessus... Retrouver de la tranquillité alimentaire, cela veut dire arrêter de se priver. N'ayez pas peur, le contraire de la privation n'est pas le lâchage. Le contraire, c'est manger de tout sans **interdit**. On peut décider de faire la paix avec la nourriture, se libérer de ces règles tristes, avancer progressivement pour peu à peu remanger de tout.

Q

Quantité

Parfois, on me demande quelles quantités on doit manger de tel ou tel aliment. Pour perdre du poids ou le maintenir. Parce qu'on est habitué aux grammages des régimes. Parce qu'on mange tout ce qu'il y a dans son assiette, quelle que soit la quantité, qu'on ne se fait pas confiance pour s'arrêter. Parce qu'on a peur des **féculents** ou de se lâcher face à du fromage. Je note que c'est rarement les quantités de **légumes** à manger qu'on me demande !

Je n'aime pas donner des quantités fixes. Chaque personne est différente. Chaque repas est différent. L'**équilibre** nutritionnel est global : pourquoi parler de façon standard de 30 grammes de fromage ? Est-ce qu'on en mange tous les jours ? Est-ce qu'on mange beaucoup d'autres produits riches en gras ou de laitages ? Pareil pour les féculents : sont-ils un accompagnement ou la base du plat principal ? Est-ce un plat unique ou un repas composé ? C'est la **variété** qui évite de donner une place disproportionnée à un aliment. C'est l'appétit de chacun qui guide la quantité : on peut mener des expériences de portions avec divers aliments pour trouver ce dont on a besoin pour se faire plaisir et se rassasier. Toutefois, je donne parfois quelques repères, par exemple pour du riz ou des pâtes (alors qu'il y a des indications sur le paquet). Tout en prenant beaucoup de précautions. Ce ne sont que des repères. Le but est d'essayer cette quantité et de voir si elle convient ou s'il en faut plus ou moins selon son appétit et selon ce qu'on mange à côté.

Quotidien

Des enquêtes récentes montrent un regain du plaisir de **cuisiner**, un goût pour la cuisine comme loisir. En réalité, cela concerne surtout les repas du week-end, les invitations aux proches, beaucoup moins le quotidien. Les repas de tous les jours sont souvent synonymes de monotonie, de préparation rapide, de manque d'idées, de corvée dont on se passerait bien. Bien sûr, faire à manger chaque jour peut sembler pesant, si on n'est pas passionné de cuisine, surtout si la tâche n'est pas partagée, parce qu'on est seul ou parce que la répartition des tâches dans le foyer est ainsi faite (est-ce immuable ?).

Je suis persuadée qu'on peut trouver du plaisir à manger au quotidien et ne pas réserver cela aux week-ends. On peut rendre à la fois la préparation et le repas lui-même plus plaisants. Côté préparation, avez-vous déjà essayé de prendre le temps de la cuisine comme un sas de détente et d'activité manuelle où vos **sens** sont en éveil plutôt que de ne penser qu'au résultat attendu, le repas ?

Côté assiette, on peut prendre un moment pour repérer dans ses livres de cuisine ou sur Internet des recettes simples et rapides qui font envie, intégrer cela au moment des courses et donc anticiper un repas plaisant et différent. Par exemple, on peut se fixer d'essayer une nouvelle recette tous les quinze jours sans se mettre trop de pression. On peut aussi saisir les occasions de cuisiner pour préparer des quantités importantes à congeler en portions et ne pas avoir ainsi à cuisiner tous les jours : quel plaisir de sortir par exemple de la ratatouille du **congélateur** et de la servir avec un œuf mollet et du pain.

R

Rassasiement

Le rassasiement, c'est au départ une notion intuitive. L'immense majorité des bébés s'arrêtent spontanément de manger quand ils n'ont plus faim et repoussent le sein ou le biberon : ils sont rassasiés et heureux car ils ont comblé un besoin fondamental. Cette façon naturelle et intuitive de s'arrêter, certains la gardent toute leur vie sans se poser de questions. Ils apparaissent comme des extra-terrestres à ceux ou celles qui en sont très loin. Car cet arrêt intuitif peut se perdre à tout moment, au fil des années :

– À cause d'un environnement familial où les portions sont trop copieuses mais où l'on veut faire comme tout le monde et on se force un peu.

– À cause de l'injonction familiale « finis ton assiette » : on n'a plus faim mais on doit terminer, du coup, on s'habitue à aller au-delà de son appétit.

– À cause de régimes qui donnent des portions obligées, des grammages, des calculs de points, un menu obligé : la tête commande la quantité à manger et se déconnecte des messages du corps.

– À cause d'une relation émotionnelle à la nourriture, de **grignotages** de compensation, qui font qu'on mange toute la journée et qu'on n'a plus jamais l'occasion de ressentir la **faim** ou la satiété.

Quelle que soit la cause, on peut se reconnecter progressivement aux signaux de son corps, en mangeant doucement, en faisant éventuellement des pauses, en testant diverses quantités pour trouver la juste sensation de ne plus avoir faim sans ressentir de lourdeur. À expérimenter !

Recettes

Certaines personnes sont très fières de dire qu'elles ne suivent jamais une recette à la lettre. Soit elles ont une longue expérience en cuisine, soit elles ont reçu une **éducation** familiale, soit elles n'en font qu'à leur tête avec les risques gustatifs que cela comporte... C'est ainsi qu'elles aiment cuisiner. Mais il n'y a pas de raison de fuir les recettes de cuisine, c'est légitime d'en avoir besoin si on n'a pas une grande habitude de cuisiner ou si on souhaite élargir son périmètre culinaire. L'important est de les choisir adaptées à son niveau. Par exemple, ne pas choisir des recettes de chef, longues et complexes, quand on débute.

Si on est vraiment inexpérimenté, on peut commencer par des recettes très simples, pour acquérir des techniques qu'on pourra décliner. Ainsi, si on apprend à faire une quiche lorraine : on va d'abord acheter une pâte toute faite et faire l'appareil en suivant une recette. On aura confiance ensuite pour faire une quiche saumon-épinards par exemple, peut-être en jetant un coup d'œil à une recette pour comprendre les différences. Un jour, on se lancera dans la réalisation de la pâte à tarte et on verra que ce n'est pas compliqué. Puis la technique de la quiche sera acquise et on pourra la décliner selon ses envies, sans forcément suivre une recette. On peut ainsi, peu à peu, acquérir des techniques de base (le plat mijoté, la papillote, la tarte, les légumes au four ou en cocotte, le cake...) qu'on saura ensuite adapter, décliner. On prend ainsi de l'autonomie en cuisine, on se sent plus libre d'improviser et on se replonge dans des recettes à chaque fois qu'on veut explorer un nouveau territoire, une cuisine exotique par exemple. En se rappelant que, même avec des recettes, on ne peut pas réussir à tous les coups et ce n'est pas grave !

Régimes[1]

J'ai dit que ce livre se voulait anti-injonctions mais j'en tente quand même une : arrêtez les régimes, tous les régimes !

Je suis contre les régimes ! J'étais déjà contre quand je suis devenue diététicienne mais je le suis encore plus depuis que je vois dans mon cabinet les dégâts physiques et psychologiques, la souffrance et la peur de la nourriture qu'ils peuvent entraîner. Beaucoup de personnes me disent : « Quand je revois les photos au moment du premier régime, je ne comprends pas pourquoi j'ai commencé, j'étais NORMALE ! »

D'abord, c'est quoi, un régime ? C'est une façon de contrôler son alimentation avec sa tête, de façon géné-

---

1. Je mets de côté les régimes qui sont prescrits de façon ponctuelle ou durable pour des raisons impérieuses de santé. Cependant, même ces régimes se sont beaucoup assouplis car on a compris que, s'ils étaient trop stricts, ils étaient vite abandonnés.

ralement temporaire (ceci dit, des personnes sont en **restriction** quasiment à vie). Il y a des régimes fantaisistes style « soupe au chou » ou « ananas ». Il y a des régimes dissociés où l'on mange un aliment à la fois. Il y en a beaucoup qui sont restrictifs sur certaines catégories d'aliments. Il y a des régimes « équilibrés » mais où l'on vous dit précisément quoi manger et à combien d'« **écarts** » vous avez droit. Il y a des régimes chiffrés où l'on compte des **calories** ou des points. Il y a des régimes vous dictant l'heure où vous devez manger tel ou tel aliment. Etc.

Je ne suis pas la seule à les critiquer. Les experts qui ont sérieusement étudié le sujet sous de multiples critères ont conclu que dans l'immense majorité des cas, les régimes échouent côté perte de poids durable, peuvent nuire à la santé et apporter d'autres désagréments. Pourtant, ils continuent de séduire. Alors que dans l'immense majorité des cas, non seulement après un régime, on reprend le poids perdu, mais souvent avec quelques kilos en plus. Au fil des régimes, on entre dans l'effet **yoyo.** Je suis en colère contre tous les individus ou entreprises (y compris dans le monde médical) qui profitent de la détresse des personnes qui ne supportent pas leur corps et sont prêtes à tout pour le changer pour leur promettre des mirages. Le mot régime commence peut-être à avoir moins bonne presse, du coup on vous parle **detox**, sans **gluten**, santé ou autre pour vous faire miroiter, plus ou moins directement, une perte de poids. Ne soyez pas dupes ! Il s'agit toujours de vous proposer un contrôle alimentaire. Pourquoi cela ne marche pas ? Pour deux raisons majeures.

L'une est psychologique : la tête n'aime pas la privation, surtout s'il s'agit d'aliments appréciés. Elle peut tenir un moment à force de discipline et de **volonté** mais finit toujours par lâcher car elle dirige de plus en plus ses pensées vers ce qu'on ne doit pas manger. Faire un régime, c'est se fixer des règles, se priver d'une façon ou d'une autre, se frustrer. Se dire, ou se faire dire par un professionnel : pas de féculents sauf une tartine le matin, pas de sucré, pas de gras sauf une cuillère à café d'huile, pas de fromage, etc. On ne peut pas se priver indéfiniment... Quand on arrête le régime, à son terme ou avant, en culpabilisant de ne pas faire la fameuse « stabilisation », on a souvent exagérément envie de tout ce dont on s'est privé. On se rattrape.

L'autre est physiologique. Le corps non plus n'aime pas la privation. Il proteste au début, il réclame. Mais il finit par s'y accoutumer. Et par fonctionner avec ce qu'on lui donne, même s'il avait besoin de plus ou autrement. Alors, quand on reprend ses anciennes habitudes, il considère qu'il n'a plus besoin de toutes ces calories qu'on lui apporte. Il les stocke. Et sa façon de stocker, c'est plutôt sous forme de gras... Non seulement on reprend du poids mais le corps change.

Alors pourquoi tant de personnes se lancent dans des régimes ? D'une part, beaucoup n'aiment pas leur **silhouette**. Surtout, au fil des régimes, elles l'aiment de moins en moins. Mais elles croient que c'est la seule façon de mincir. Non, laisser tomber les régimes ne veut pas dire renoncer à mincir. Il y a une autre façon de perdre du poids, celle qu'accompagnent les membres du GROS (Groupe de réflexion sur l'obésité et le surpoids) : ne pas se priver mais réapprendre à écouter les besoins de son corps, à faire la paix avec les aliments, à changer son rapport émotionnel à la nourriture. Un changement vers une façon plus intuitive de manger où le corps est écouté et non privé. Ce qui compte, c'est la perte de poids durable et raisonnable en fonction des spécificités de chacun, que l'on ait quelques kilos à perdre ou vraiment beaucoup.

Mais, après moult régimes, le corps résiste et on ne peut pas toujours perdre autant de poids qu'on le voudrait. Je rappelle une évidence : pour ne pas avoir à mincir, il vaut mieux commencer par ne pas grossir ! Si on se rend compte qu'on a pris 4-5 kilos, c'est alors qu'il faut réagir, ne pas faire l'autruche mais comprendre pourquoi on les a pris. Et les perdre sans privation mais en agissant sur les bons leviers.

Si on a un poids « normal », il s'agit davantage de travailler à accepter son **corps**, arrêter de se focaliser sur ce qui plaît le moins en lui. Le respecter, en prendre soin tel qu'il est.

Si je ne vous ai pas convaincu(e) et qu'il vous vient encore, après plusieurs échecs, l'idée de replonger dans un régime, rappelez-vous bien que cela n'a pas marché la dernière fois et qu'il n'y a pas de raison que ce soit différent cette fois-ci, car ce n'est pas de votre faute mais de celle des régimes !

Résolutions (bonnes)

Ces résolutions qu'on prend en général au 1er janvier ou au retour des **vacances**. Enfin, c'est décidé, on va se mettre au **sport** deux ou trois fois par semaine, on va préparer un bon dîner tous les jours. Ou on va sérieusement maigrir, une des résolutions les plus fréquentes.

Force est de constater qu'elles ne tiennent pas longtemps chez la plupart des gens. Peut-être étaient-elles irréalistes, trop ambitieuses ou inadaptées à un certain rythme de vie, peut-être n'arrivaient-elles pas au bon moment. A-t-on vraiment pris le temps d'y réfléchir, de comprendre les obstacles éventuels, de faire le bilan honnête des tentatives précédentes ? On peut réfléchir à ce qui est vraiment important pour soi, à ses motivations à changer, à ses contraintes.

Concernant l'envie de perdre du poids : est-ce vraiment justifié ? Avez-vous des kilos à perdre qui vous gênent vraiment ? Ou rêvez-vous d'un poids idéal inatteignable ? Comment allez-vous vous y prendre ? Rappelez-vous, les **régimes**, ça ne marche pas, pas de précipitation. Direction le **changement** en 4C. Il convient donc d'être réaliste, de se fixer des étapes, d'accepter de prendre son temps et de ne pas vouloir tout changer à la fois.

Arrêtez les régimes, tous les régimes !

Restaurant

Beaucoup de personnes ont peur de l'influence du restaurant sur leur ligne, elles sont persuadées qu'il va être source de kilos supplémentaires par sa cuisine riche et ses menus à rallonge. Mais non ! On peut très bien aller au restaurant souvent et garder la ligne.

Ce n'est pas le restaurant en lui-même qui fait grossir. C'est plutôt la façon dont on le gère. On peut en effet prendre du poids si :

– On « se lâche » au restaurant car le reste du temps, on se restreint, on mange des plats sans saveur, on se prive de ses aliments préférés. Du coup, on va prendre un plat particulièrement riche ou manger un dessert sans faim en se disant qu'il faut profiter de l'occasion à fond, au lieu d'écouter ses vraies **envies** et son appétit.

– On mange tout ce qui est servi, même si les portions sont vraiment trop importantes, en allant bien au-delà de sa faim, « parce que cela ne se fait pas de laisser ».

– On se jette sur la corbeille de **pain** et on en mange beaucoup car on a trop faim en arrivant.

– On se laisse emporter par une **formule** qui paraît avantageuse en prix mais qui va faire manger trop, du style entrée-plat-dessert imposés.

– On ne régule pas ses repas en attendant que la faim revienne : on mange « normalement » après un repas copieux au restaurant, alors qu'on n'a pas faim du tout, parce que « c'est l'heure », parce que « c'est mal de sauter un repas », par habitude.

Alors qu'on peut aller au restaurant en écoutant sa faim et ses envies pour choisir les plats, en s'arrêtant quand on n'a plus faim ou en régulant après coup si on a un peu trop mangé.

Par exemple, si on aime beaucoup les desserts et qu'on est dans un lieu où ils sont particulièrement attirants, on peut veiller à garder une bonne « place » pour en profiter, en prenant un plat léger voire seulement une entrée (ne vous censurez pas, il suffit d'oser !).

On peut aussi, quand on est en bonne compagnie, partager l'entrée et/ou le dessert. Ou demander à emporter une partie si c'est trop copieux (la pratique du « doggy bag » ou « gourmet bag » tend à se développer lentement mais sûrement. Là aussi, n'ayez pas peur de demander !)

Du coup, il ne reste ainsi du restaurant que le plaisir d'un bon moment et ni **culpabilité** ni kilos en trop.

Rythme

Il est rare que je n'évoque pas avec mes patients leur rythme de repas. Pas pour leur en imposer un mais pour étudier avec eux s'il est adapté à leur mode de vie et à leur rythme biologique et alimentaire. On croit qu'il FAUT faire trois repas par jour. Cette idée est bien ancrée dans la tête des gens, mélange de modèle alimentaire français, d'habitudes transmises, de règles nutritionnelles. Sauf que ce n'est pas adapté à tout le monde. On peut avoir un petit appétit et besoin de manger souvent, quatre, voire cinq fois par jour. À l'inverse, certaines personnes n'ont vraiment pas faim le matin, quel que soit leur dîner, et se contentent de deux repas par jour. D'autres auraient besoin de manger vers 19 heures, leur corps le réclame. Mais à cette heure-là, elles sont dans les transports, à s'occuper des enfants, encore au boulot. Elles ont donc besoin d'un quatrième repas ou au moins d'un en-cas pour tenir jusqu'à l'heure effective du dîner.

Chaque personne a son propre rythme ; en faisant quelques expériences, on trouve le sien. Et on peut le suivre quand on n'a aucune contrainte. Seul ou en vacances par exemple. Souvent, la vie sociale et familiale impose un autre rythme. Avoir alors un décalage entre sa faim et ses repas n'est pas inéluctable. Il suffit de s'observer puis de faire quelques ajustements avec souplesse pour avoir faim au bon moment. Par exemple, adapter son petit déjeuner si on se rend compte régulièrement qu'on n'a pas faim quand les collègues veulent aller déjeuner ou prendre un goûter si on a prévu de dîner très tard pour cause de sortie, réunion, sport, etc.

S

Saisons

Il y a quelques dizaines d'années, chacun suivait le rythme des saisons spontanément. On mangeait ce qu'on avait sous la main, on n'avait pas le choix. Puis les transports longue distance se sont développés, et avec eux, des aliments venus d'autres latitudes. L'agriculture industrielle a prospéré avec des capacités de production et de stockage aptes à proposer de nombreux aliments toute l'année. Et peu à peu, on a oublié quels aliments manger à quel moment. Les personnes qui n'ont pas eu de contact avec la nature sauvage ou potagère via des parents, grands-parents, cousins, ont davantage perdu le savoir intuitif des produits de saison. Ils ont accepté cette disponibilité sans se poser trop de questions. Puisqu'il y a des fraises en hiver, mangeons des fraises ! Pour peu qu'on ait une légère préférence pour les tomates plutôt que les poireaux, on s'accommode d'en trouver en plein mois de décembre, sans trop faire attention au **goût**... Sauf que, venant de loin, cultivés de façon intensive, réfrigérés pendant des semaines, traités, ces fruits et **légumes** ont perdu à la fois leurs qualités gustatives et nutritionnelles.

Comment se remettre à manger de saison ? Tout le monde peut jouer un rôle. Quand on parle à un distributeur (hypermarché ou petit commerce) du rôle de prescripteur qu'il joue à travers l'assortiment qu'il propose, il répond : « Oui, mais les gens veulent des tomates toute l'année. » Et comme « les gens » trouvent des tomates, ils les achètent. On tourne en rond... Chacun peut agir, se réapproprier le calendrier des saisons. Si un maximum de personnes arrêtent d'acheter des tomates en hiver, le commerçant finira par arrêter d'en proposer.

Pourquoi c'est intéressant de manger selon les saisons ? Cela assure de la **variété** naturellement : il y a un grand plaisir à attendre les aliments, se réjouir de leur arrivée, se dépêcher d'en profiter, se régaler ainsi des premières fraises ou asperges au printemps en étant conscient de leur côté éphémère, des pêches et abricots en été, des courges et champignons en automne, plutôt que manger des tomates toute l'année de façon monotone.

Cela pousse à consommer local, et on minimise ainsi les temps de transport et de conservation des aliments.

Le goût sera meilleur, l'apport en bonnes petites vitamines utiles à notre forme aussi, tout comme le rapport qualité/prix.

Si vous êtes un peu perdu(e), vous pouvez trouver de multiples calendriers des aliments de saison sur Internet. Vous pouvez aussi, c'est plus fiable car adapté à votre région, trouver des producteurs locaux qui vous proposent ce qu'ils cultivent à chaque moment de l'année.

Sans

Un de mes grands motifs d'agacement (eh oui, je ne suis pas toujours d'une parfaite zenitude...) est le développement fulgurant des produits « sans », des régimes « sans ». Et surtout de la propagation de l'idée que manger « sans » serait manger sain. Sans en avoir une obligation médicale. Sans sucre, sans gras, sans gluten, sans lait, sans sel, sans viande... Les restrictions se suivent et, souvent, se cumulent. Tout le monde peut décider librement de sa façon de manger, évidemment. Mais justement, laissons chacun libre de ses choix, n'imposons pas une « bonne façon de manger ». Au nom d'une soi-disant alimentation idéale ou de la croyance qu'il faut se priver pour mincir.

Alors, je dis NON au SANS !

NON au sans gluten, OUI au **gluten** digeste dans du vrai bon **pain** traditionnel.

NON au sans lait, OUI, si on le tolère, au lait non trafiqué, aux laitages, aux fromages au lait cru de bonne source à la traçabilité établie.

NON au sans **sucre**, OUI à la modération et à la variété en matière de douceurs et à leur garder une place dans notre appétit.

NON au sans **gras**, OUI au bon beurre sur les tartines et aux huiles variées dans les plats sans excès.

NON aux diktats généralisateurs, OUI à l'écoute de son corps et à l'identification de ce qui lui fait du bien.

NON aux moqueries de ceux qui croient que tout ce « sans » n'est qu'une mode, OUI à la **tolérance** envers les personnes qui ont une VRAIE intolérance, sensibilité ou allergie.

Plutôt que SANS, mangeons AVEC de bons produits de sage origine. Manger sainement, c'est manger de tout (sous réserve qu'on aime et qu'on digère) SANS interdit !

Sas

J'imagine que parmi vous, beaucoup travaillent. Ont une journée bien remplie, éventuellement stressante. Ce serait mieux d'éviter que cette tension contamine la soirée, non ? Le mot clé pour y arriver, c'est « sas ». Un sas de décompression. Un moment de transition entre la journée et la soirée. Ce sas peut exister durant le trajet de retour chez soi, qu'il soit à pied, en transport avec un livre, en voiture avec de la musique par exemple. Mais ce n'est pas toujours possible. Donc, un sas, cela signifie ne pas se précipiter dès la porte franchie vers une nouvelle activité urgente, que ce soit la préparation du repas, la lecture du courrier... Pourquoi j'en parle ? Parce que souvent, ce **stress** qui ne s'évacue pas peut se reporter sur la nourriture. Parce qu'on a pris l'habitude de partir directement dans la cuisine. Parce qu'on a un peu **faim** (selon son **rythme**) et un dîner tardif. On grignote mais en trop grande quantité, de façon parfois un peu compulsive ou machinale. Ou on se précipite sur le dîner et on l'avale vite, sans faire attention.

Si le contexte familial le permet, on a plutôt intérêt à prendre d'abord quelques minutes pour soi. Pour se détendre, se vider la tête, évacuer la tension de la journée. Comment faire cela ? Difficile d'avoir une réponse unique, chacun a sa façon de se détendre. Se changer, prendre une douche, mettre une musique agréable, bouquiner quelques minutes, s'occuper de ses plantes, s'allonger... Puis reprendre ses activités, plus détendu et disponible.

Sens (cinq)

Avez-vous conscience que manger est une des rares
activités qui mobilisent les cinq sens ? Et pas seulement
le goût. La vue est souvent la première concernée. Elle
nous influence largement dans notre envie de goûter
un aliment. Elle nous permet de le juger appétissant ou
au contraire repoussant. Elle peut aussi nous tromper,
par associations, habitudes. On s'attarde assez peu sur
le toucher alors que ce sens est mobilisé deux fois.
Dans le fait de toucher les aliments avec les doigts : la
culture occidentale est celle de la fourchette et du cou-
teau mais dans certaines circonstances ou pour certains
aliments, manger avec les doigts est admis : apéritif,
pique-nique, biscuits, chocolat, pain, fruits, sandwich,
etc. Prend-on le temps dans ces moments-là de sentir
la texture de l'aliment : est-elle douce, lisse, rugueuse,
granuleuse, soyeuse, sèche ou humide ? Puis il y a le
« toucher » en bouche, la façon dont on perçoit la
texture de l'aliment, sa température, avec sa langue,
ses dents, son palais. Des observateurs des habitudes
alimentaires pensent que les jeunes aimeraient de plus
en plus manger des aliments mous, qu'on n'aurait pas
besoin de beaucoup mastiquer : yaourts, crèmes desserts, glaces, hamburgers. Je ne sais pas si on peut
généraliser ainsi. Les **préférences** sont personnelles.
Certains préfèrent la croûte du pain, d'autres la mie.
Certaines personnes aiment tellement le croquant ou
le croustillant qu'elles ne peuvent faire un repas sans.
L'ouïe peut capter le son des aliments justement quand
ils croquent et croustillent, et aussi l'environnement

sonore : s'il est calme ou en harmonie avec les mets, le repas en sera plus plaisant. Au contraire, un vacarme ou une musique agressive peuvent gâcher un repas.

Quand un aliment est en bouche, outre sa texture, on évoque sa saveur. Mais en fait, les saveurs que détectent nos papilles ne sont qu'au nombre de quatre : salé, sucré, acide, amer (on parle désormais souvent de cinq saveurs avec l'*umami* japonais, une saveur subtile qu'on retrouve dans le bouillon japonais, le parmesan, etc.). Elles ne représentent qu'une infime partie des qualités gustatives des plats que nous aimons. Savez-vous que l'odorat procure 70 à 80 % des sensations de ce qu'on appelle le goût des aliments, par le mécanisme de la rétro-olfaction, qui nous fait sentir les arômes quand l'aliment est en bouche ? Cette richesse des odeurs est infinie. C'est elle qui fixe dans notre mémoire le souvenir des aliments et crée nos « madeleines de Proust ». C'est à cause d'elle que l'on se sent presque rassasié quand on a cuisiné car on a absorbé les odeurs de la cuisine en train de se faire. Malheureusement, l'odorat est négligé dans notre civilisation et dans notre éducation. Il n'est jamais trop tard pour le cultiver. Profitez de toutes les occasions pour développer votre nez, que ce soit autour des parfums, de la cuisine, du vin... Utilisez des épices, herbes et aromates. Osez sortir des sentiers battus et tester de nouvelles harmonies. Il est intéressant de prendre le temps de humer (avec élégance) les plats avant de les goûter et éventuellement de commenter ce que l'on a senti. Mettre des mots sur ses sensations aide à les mémoriser. Ces odeurs viendront se placer dans votre bibliothèque olfactive et vous les retrouverez de temps en temps, liées à des souvenirs.

Enrichir cette bibliothèque vous fera mieux apprécier non seulement les aliments, les plats, mais aussi les thés, les vins, etc. Quand on mange en **conscience**, on mange ainsi avec tous ses sens !

Silhouette

Pourquoi tant de femmes se mettent-elles au régime, souvent sans être en surpoids au départ ? Parce qu'elles ne sont pas satisfaites de leur silhouette au regard de leur idéal, souvent inspiré des modèles qu'on leur montre de **minceur** radicale. Pourquoi vouloir en effet la modifier si ce n'est pour se conformer à un modèle dicté par la société, l'époque, la **mode**, les médias et les marques ? Ou ressentent-elles parfois une insatisfaction plus globale ? Qu'elles pensent pouvoir régler en s'occupant de leur apparence ?

Car on a l'impression qu'on peut davantage choisir son poids que sa taille ou la couleur de ses yeux. Erreur ! Nous ne sommes pas toutes faites pour être de fines lianes comme celles qui peuplent les pages des magazines (largement retouchées). Nous disposons de deux données qui sont fixées par la « nature », par notre patrimoine génétique, et qui déterminent notre poids naturel et notre silhouette :

– notre morphologie : notre taille, la forme de notre corps, notre carrure, notre ossature, le fait d'avoir des hanches larges ou d'être filiforme, d'avoir une poitrine volumineuse ou plate, de longues jambes ou des petits pieds ;

– notre **métabolisme** : la façon dont notre corps consomme l'énergie qu'il absorbe en mangeant.

Quand on laisse faire la nature, qu'on mange de tout en fonction de sa faim, on a donc un poids donné, notre poids d'équilibre, et le corps qui va avec. Ce corps-là n'est pas toujours celui dont on rêve. Côté taille, on finit par s'accepter, on ne songe pas trop à la changer. Éventuellement, on porte des talons. On agit différemment côté poids ! On décide souvent de contraindre la nature car on pense qu'on peut le maîtriser. Et en effet, en se restreignant du côté alimentation, en faisant des **régimes**, on peut changer de silhouette, devenir plus mince. Le hic, c'est qu'on finit tôt ou tard par se lasser de cette **restriction**.

Les choses ne sont pas totalement immuables. On peut, dans certaines limites, agir sur sa silhouette par le **sport.** Celui-ci peut moduler :

– notre morphologie : certains sports permettent de se muscler et de modeler en partie la silhouette ou d'en accentuer des caractéristiques (épaules plus larges, jambes plus musclées, ventre plus plat...), à condition de pratiquer de façon régulière et durable ;

– notre métabolisme : en développant sa masse musculaire, on augmente son métabolisme ce qui signifie que notre corps dépense plus d'énergie y compris « au repos ».

Mais on n'est pas obligé de faire du sport ! Ou on peut en faire pour d'autres raisons. On peut aussi abandonner l'idée de la minceur universelle et apprendre à s'accepter, se sentir bien et respecter son corps naturel. Un très bon exemple à montrer aux enfants, que ce soit les vôtres ou ceux de votre entourage.

Solitude

Manger est dans notre **culture** un acte convivial. La plupart des gens aiment partager leur repas avec de la **famille**, des proches, des collègues... Mais diverses circonstances font qu'on peut être amené ponctuellement ou régulièrement à manger seul, et certains n'aiment pas trop ça. Du coup, on ne prend pas la peine de se préparer un vrai repas, on grignote sans vraiment s'installer à table, on mange ce qui tombe sous la main sans vraiment savourer.

Essayons de le prendre du bon côté : cela nous permet une certaine liberté dont ce serait sympa de profiter. Quand c'est chez soi, on peut prendre le temps de se détendre avant de manger. Personne ne vous presse, vous n'êtes pas à quelques minutes près. On peut manger exactement ce dont on a envie, sans avoir à négocier avec d'autres convives aux goûts différents. On peut y penser un peu en avance pour avoir à sa disposition les aliments adéquats ou laisser faire sa spontanéité. Cela vaut peut-être la peine de consacrer quelques minutes à **cuisiner**, on le mérite bien ! Sans se fixer des objectifs trop ambitieux, on peut se régaler avec des plats simples, comme on le ferait à plusieurs. Quelques exemples :

– une omelette, un œuf poché accompagné de ratatouille ou d'un reste de légumes ;

– des pâtes, déclinables à volonté (à la tomate, aux courgettes, aux champignons, aux poireaux...) ;

– une salade de quinoa, semoule, lentilles, agrémentée de dés de légumes, fromage, fruits secs... ;

– une salade aux ingrédients variés de saison ;
– une assiette composée avec une crudité, une tartine, un reste de la veille...

On prend le temps de mettre la table avec une jolie vaisselle pour en profiter, plutôt que manger debout ou sur un coin de table. On peut manger les plats dans l'ordre qu'on veut : si vous avez envie de commencer par le fromage ou le dessert, libre à vous, personne ne vous traitera de fantaisiste ! On peut manger à son rythme, faire des pauses, s'arrêter, reprendre, manger le dessert une heure après le repas si on en a envie. On peut manger dans la tenue dont on a envie, dans laquelle on se sent bien. On peut se concentrer sur les parfums et saveurs de son assiette sans être perturbé, prendre le temps de déguster, de se remplir de sensations.

Encore plus compliqué, ce que la plupart des personnes, et encore davantage les femmes, je crois, détestent, c'est manger seul au restaurant. Là, non seulement on est triste de ne pas partager un moment avec autrui mais en plus, on a l'impression que tout le monde nous observe et sans doute nous plaint de ne pas être accompagné. Est-ce vraiment si terrible que ça ? C'est notre tête qui se fait un film... Si on tentait l'expérience plutôt que d'en avoir peur ? Pour ne pas se priver d'un savoureux repas si on en a envie.

On peut commencer par un lieu où s'installer seul est facile. Parce qu'il y a un comptoir, comme dans les restaurants japonais de sushis. Parce qu'on peut déjeuner au bar : dans certains bistrots, on s'assoit face au chef, au serveur. On peut engager la conversation, regarder les préparatifs. D'autres lieux ont installé une table d'hôtes, une grande table où tout le monde mange ensemble : il est facile d'échanger quelques mots avec son voisin si on en a envie. On peut aussi emporter un livre, un journal, ou le trouver sur place, en veillant à ce que cette occupation ne nous détourne pas complètement de l'assiette et des sensations plaisantes que l'on peut capter en mangeant.

Sommeil

Dormir, c'est vital. C'est banal de le dire. Pourtant, beaucoup de personnes ne dorment pas autant qu'elles en auraient besoin et accumulent une « dette » de sommeil. Par difficulté à dormir parfois, ou à se détendre au moment de se coucher, par manque d'un **sas** peut-être. Mais aussi sous l'influence de vies trépidantes qui font faire mille choses et rendent les journées trop courtes. La solution pour tout concilier est souvent de rogner sur le sommeil. On rentre tard de son **travail**, on dîne, on s'occupe le cas échéant des enfants, on fait quelques corvées ménagères, on regarde la télé, on lit, etc. Et tandis que la fatigue envahit clairement le corps, la tête ne veut pas céder. On retarde le moment de se coucher car on refuse l'idée que la vie puisse se résumer à une sorte de « métro-boulot-dodo ». Pourtant, n'avez-vous pas constaté combien il est régénérant de dormir suffisamment, combien on peut se sentir différent selon qu'on est reposé ou pas ?

Pourquoi est-il si important de dormir ? Bien sûr pour récupérer, se sentir en forme physiquement. Mais cela va bien au-delà. Dormir est essentiel pour le bon fonctionnement de la mémoire, la reconstitution des cellules, la gestion du stress, le renforcement du système immunitaire, etc. Donc essentiel pour notre santé. Cela peut aussi avoir un impact sur la façon de manger. D'abord, quand on est fatigué, on croit souvent que manger va procurer un regain d'énergie. Ce qui se vérifie rarement et seulement de façon très éphémère. Si on est plus sensible au **stress**, on peut éprouver le besoin de se réconforter en mangeant. Au-delà des envies, il y a aussi un réel impact physiologique. Quand on dort très insuffisamment, la sécrétion de certaines hormones peut à la fois stimuler la faim et diminuer la perception de la satiété, et donc faire manger davantage.

En ce qui concerne le sommeil, l'alimentation peut sans doute jouer un rôle. Il n'y a pas de règle absolue, c'est à chacun de faire ses propres expériences. Toutefois, il est clair qu'un repas lourd et/ou tardif sera plus long et difficile à digérer et on se sentira moins confortable pour se coucher. On a intérêt à sortir de table léger. Plus le temps avant le coucher sera réduit, plus on aura intérêt à manger léger. À la fois pour digérer facilement et parce qu'il reste peu de temps d'éveil. Par ailleurs, il semblerait que manger plutôt des **féculents** le soir et pas trop de viande et poisson favoriserait l'endormissement. Alors, on arrête de croire que manger des pâtes le soir fait grossir !

Il en est du sommeil comme de l'alimentation, il est essentiel de se connaître et de s'écouter. La prochaine fois que vous bâillez dans votre canapé, laissez tomber le documentaire, la série, le livre en cours et écoutez votre corps, allez vous coucher !

Sport

Faut-il faire du sport (pour maigrir) ? La réponse est NON ! On peut mincir sans faire de sport. Perdre du poids est une question de balance entre les apports énergétiques et les dépenses d'une personne. On peut jouer sur les deux tableaux, diminuer ses apports (manger moins) et augmenter ses dépenses mais on n'est pas obligé. Et surtout évitons de culpabiliser de ne pas aimer le sport, comme mes patient(e)s qui prennent un air gêné pour me l'annoncer...

Au-delà du sport, on peut penser au bien-être apporté par le fait de bouger. Il peut s'agir de marcher, de danser, de faire du vélo en ville, de jardiner... Et faire du sport ? Faire du sport fait dépenser davantage de calories que rester immobile ! Mais il en faut une bonne dose pour que ce soit significatif. De nombreuses personnes disent : « Je ne comprends pas, je fais du sport et je ne maigris pas ! » Bien sûr, c'est normal si on en profite pour manger encore plus : combien de personnes « se lâchent » sur la nourriture sous prétexte qu'elles viennent de faire un footing ! Toutefois, quand on fait du sport régulièrement, on se muscle peu à peu, on se tonifie, on modifie sa silhouette (de façon variable) et on augmente son **métabolisme**, la dépense d'énergie de son corps.

Si on a envie de s'y mettre, quel sport ? Ce qui est vraiment important, c'est de trouver l'activité que l'on pratiquera avec plaisir et non d'en choisir une que l'on fera par contrainte, uniquement pour le résultat. C'est la garantie de pratiquer durablement. Les salles de sport gagnent un argent fou avec les forfaits souscrits pour un an et utilisés pendant un ou deux mois seulement. Ne pas se fixer d'objectifs irréalistes et prendre en compte ses envies et ses contraintes de temps, de lieu, d'argent. Veut-on se détendre et déstresser, se défouler, le faire seul ou à plusieurs, découvrir une nouvelle activité ou renouer avec une pratique de jeunesse ? À quel moment de la journée et de la semaine, près de chez soi ou de son travail, avec quel budget ? Si possible, il vaut mieux **expérimenter** différentes activités sans investissement budgétaire notable pour se faire une idée concrète. Une fois qu'on a trouvé le sport qu'on a envie de pratiquer, on peut peut-être installer une routine mais ne pas culpabiliser de rater une ou deux séances, ne pas être dans le **tout ou rien**.

Stress

Le stress, ce mot employé à longueur de journée, vu comme un des fléaux de notre monde moderne, c'est quoi en fait ? C'est une réaction d'adaptation de l'organisme face à une agression (physique, psychologique) qui lui permet de faire face à la situation. Ce mécanisme s'est mis en place à l'époque primitive et est toujours là. Quand le cerveau percevait une situation de danger, il mettait en place différents processus devant assurer la survie. Trois grands types de comportements : la peur (on fuit le danger), l'agressivité (on lutte contre le danger), l'inhibition (on est tétanisé). On a observé qu'une énorme partie du stress ressenti n'est pas due à des dangers factuels mais à des idées qu'on se fabrique dans la tête. Exemple, on peut être très stressé et angoissé à l'idée de perdre son emploi sans aucun lien avec une réalité objective. On est paralysé par une grande quantité de boulot à terminer, pas forcément parce que c'est matériellement impossible mais parce qu'on s'en croit incapable.

Les liens entre alimentation et stress sont multiples. Les moments de stress peuvent faire manger car on a l'impression (c'est parfois vrai) que cela apaise momentanément la tension physique ressentie ou anesthésie les pensées angoissantes. Manger stresse de plus en plus : on ne sait plus quoi manger à cause des **injonctions** nutritionnelles contradictoires, des scandales alimentaires mettant à jour des filières de production peu reluisantes, des risques associés à différentes catégories d'aliments. Faire à manger est générateur de stress quand on rentre le soir fatigué et qu'on n'a rien prévu, que le frigo est vide et le cerveau aussi.

À tout cela, il y a des réponses. Pour lutter contre le stress qui fait manger trop, **grignoter** sans faim (ou fumer, ou boire), on peut apprendre à vivre autrement ces moments de tension. En expérimentant des moyens de relaxation permettant de dénouer la crispation physique. En observant la survenue de ces moments pour comprendre ce qu'ils cachent. De la fatigue, un manque de confiance en soi, des difficultés d'ordre affectif, etc. Travailler sur les pensées génératrices de stress, prendre du recul par rapport à elles et aux **émotions** pénibles, certaines thérapies, comme les thérapies ACT (thérapies d'acceptation et d'engagement), peuvent y aider. Face aux inquiétudes, il ne faut pas tomber dans l'**orthorexie,** mais se nourrir de bons produits sans devenir obsessionnel et manger le plus varié possible. C'est le meilleur moyen de limiter les risques supposés de tel ou tel aliment ! Face au stress quotidien des repas, déléguer si on le peut et s'**organiser** en amont pour avoir une réponse toute prête à « qu'est-ce qu'on mange ce soir ? ».

Sucre

Parmi les aliments non seulement craints mais diabolisés, figure en bonne place le sucre, qui serait source de tous les maux. Ce n'est pas une tendance nouvelle mais elle a pris de l'ampleur ces dernières années. Le sucre cumule contre lui les partisans du « **sans** », les faiseurs de **régimes**, les soucieux des risques d'obésité et de diabète, les spécialistes de l'**intestin...** Et pour le défendre, on trouve souvent... les représentants des producteurs de sucre et les lobbies. Les incitations à y renoncer totalement fleurissent. Pour ma part, je ne suis liée à personne, je vous le garantis, mais je ne suis pas d'accord ! Bien sûr qu'il n'est pas souhaitable de se gaver de sucre à longueur de journée. Ce n'est bon ni pour le poids ni pour la santé. Mais quelle tristesse de renoncer à la douceur qu'il apporte si on l'apprécie.

On confond un aliment et son excès. On peut consommer du sucre raisonnablement sans en avoir peur. On condamne le sucre blanc pour son défaut de nutriments intéressants et son effet sur la glycémie mais tout dépend de la façon de l'utiliser. On peut en user en pâtisserie maison en revoyant les quantités des recettes de certains desserts : parfois il n'a pas de remplaçant. Dans beaucoup d'autres, il est plaisant de varier les types de sucre et de constater les différences de goût, d'effet sucrant, de digestibilité : sucre de canne complet, miel, sirop d'érable, sirop d'agave, sirop de riz, sucre de coco.

Cette condamnation du sucre devrait être celle de son excès et de sa trop grande place dans l'alimentation industrielle. Celle-ci a tendance à user et abuser du sucre dans des préparations où il n'a rien à faire. Beaucoup de personnes achètent des plats préparés ou des conserves avec présence de sucre, mangent des desserts ou des en-cas très sucrés, boivent des sodas à longueur de journée. D'autres se réconfortent avec des aliments (dou)doux. Le sucre est partout et il serait souhaitable de le remettre à sa place. La bonne réponse est-elle pour autant d'en arrêter complètement la consommation ? Je suis contre les excès : ni trop de sucre ni aucun, mais pour une voie médiane.

Si vous êtes perplexe et avez l'impression que vous mangez vraiment beaucoup de produits sucrés, vous pouvez changer cela. Dans un premier temps, vous pouvez noter pendant quelques jours ce que vous mangez pour repérer cette place du sucre et des produits sucrés : sucre dans le café, le thé, desserts, gâteaux, biscuits, sodas, plats industriels...

Cette étape peut aider à comprendre pourquoi on mange ainsi : est-ce par habitude personnelle ou familiale, par goût de la saveur sucrée, pour compenser du **stress**, se réconforter quand ça ne va pas ou se faire plaisir quand on s'ennuie ? Dans cette étape, on peut éventuellement faire une pause (pas forcément longue ou extrême) dans sa consommation de sucre pour repérer les moments où on en a vraiment envie, de manière à sortir de comportements machinaux et réaliser qu'on n'est pas « addict ». Sans culpabiliser si on ne s'y tient pas à 100 %. Et surtout ne pas insister si l'arrêt crée frustration et craquages aggravés.

Il me paraît préférable d'avoir ainsi analysé l'existant pour engager des changements en agissant sur les bons leviers. Arrêter des grignotages machinaux, diminuer sa consommation de plats industriels. Varier les desserts en se déshabituant d'un goût très sucré, découvrir peut-être le plaisir des vrais arômes du thé, du café, du yaourt, diminuer la quantité de sucre dans les recettes qu'on réalise. Apprendre à accueillir plus souvent ses **émotions** sans recours à un aliment, trouver d'autres moyens de décompresser... Il n'y a pas de réponse unique, tout dépend de la place et du rôle du sucre pour chacun.

Plus vous mangerez de l'alimentation maison, plus vous éviterez les sucres cachés. Je trouve préférable d'acheter des produits bruts et de cuisiner mais ce n'est pas possible tout le temps. Alors, si on achète des produits industriels, on peut jeter un coup d'œil aux **étiquettes** pour détecter les sucres inopportuns.

Une fois qu'on a changé ses habitudes, pas à pas, on vérifie qu'elles sont adaptées à différents contextes : vacances, sorties, moments de stress, environnements variés...

En résumé : identifier si le sucre occupe une place anormale, et si oui, comprendre pourquoi pour engager un changement durable sans se priver.

Super-aliments

Avez-vous déjà goûté les baies de goji ? Vous savez, ces petites baies rouges, séchées, dont on vante les super-vertus... Ou le chou kale devenu, grâce à une américaine entreprenante, un aliment miracle à avaler par kilos ? Et vous trouvez ça bon ?

Régulièrement, on nous parle de super-aliments dotés de propriétés quasi miraculeuses pour nous préserver des maladies : les baies de goji, le jus de grenade, les graines de chia, le thé vert, le brocoli... Du coup, de nombreuses personnes se tournent vers eux en pensant protéger leur santé.

Faut-il souscrire à cette folie des super-aliments ? On peut en douter. Bien sûr, certains sont riches en vitamines. Mais de nombreuses personnes les consomment sans plaisir gustatif. Et beaucoup sont très chers. Quelques gourous de la saine nourriture ont décrété qu'il FAUT en manger. Combien d'adresses parisiennes branchées ont ainsi mis à leur carte des salades à base de chou kale alors qu'elles négligeaient la grande variété des choux auparavant ? Or, les études mettant en valeur les propriétés de ces aliments sont très évolutives, pas toujours sérieuses. Ils ne peuvent pas nous garantir d'éviter les maladies.

On évolue vers une société des extrêmes. D'une part, des personnes sont soucieuses de façon obsessionnelle de l'impact de l'alimentation sur leur santé et sont à la limite de l'**orthorexie.** Celles-ci s'orientent vers une alimentation surtout fonctionnelle plutôt que source de plaisir. D'autre part, des personnes vont au plus simple, au plus rapide, au moins cher, et consomment une alimentation industrielle sans se soucier de sa composition. Pourquoi ne pas privilégier une alimentation naturelle et variée, sans se préoccuper de manger tel ou tel aliment, en ayant la **curiosité** de découvrir un maximum de goûts en cuisinant ? Pourquoi pas du brocoli ou du chou mais aussi des carottes ou des pommes de terre !

Surpoids

Qui décide que vous êtes en surpoids ? Trop de poids par rapport à qui, à quoi ? Avant, on se sentait peut-être un peu rond, enrobé, charpenté, gros, on avait de l'embonpoint ou des rondeurs. Mais on n'était pas catégorisé comme maintenant. Tout ça à cause de l'IMC[1] (indice de masse corporelle). Cet indice inventé au XIXe siècle a pris toute son ampleur bien plus tard. Le jour où un groupe d'experts internationaux a décidé de l'utiliser pour classer les individus et définir ce qu'était un sous-poids, un poids normal, un surpoids, l'obésité. Au-delà d'un certain IMC, partout dans le monde, on serait en surpoids. Quasiment du jour au lendemain, des personnes qui se sentaient très bien dans leur peau se sont retrouvées en surpoids voire obèses. Des médecins le leur ont appris, avec une petite réglette de calcul à la main, souvent sans ménagement. Le professionnel souhaite sensibiliser sur des risques de santé jugés plus importants avec un poids élevé. Mais l'instrument n'est

---

1. J'omets volontairement de donner la formule de calcul de l'IMC puisque je n'y adhère pas comme outil de suivi individuel.

pas du tout adapté. Ainsi, d'après l'IMC, une personne qui fait 1,70 mètre et 74 kilos est en surpoids. Pourquoi la stresser avec cette étiquette alors qu'elle va peut-être très bien et prend soin de sa santé ? L'IMC est une notion à utilité statistique, qui ne peut en aucun cas prétendre rendre compte de la diversité des corps en fonction de l'âge, du sexe, du continent, de la densité musculaire d'une personne très sportive... De plus, diverses études montrent qu'un surpoids n'est pas nécessairement la porte ouverte à des problèmes de santé si on mène une vie saine et active. Un surpoids stable serait préférable à des variations nombreuses et importantes de poids. Alors, ne serait-ce pas plutôt à chacun de décider s'il se sent bien tel qu'il est ou s'il a envie de s'alléger un peu pour son confort, sa forme, son bien-être, sa mobilité ?

T

Télévision

Bien souvent, des personnes mangeant seules chez elles me disent d'un air contrit : « Je sais, ce n'est pas bien, je mange devant la télé... » Encore de la **culpabilité** ! Car elles ont entendu dire qu'il fallait manger sans autre activité, qu'on mange trop quand on mange devant la télé. C'est vrai, si on est absorbé par un programme passionnant, on risque de manger sans en avoir **conscience**, sans avoir vraiment apprécié. Et de finir ce qui est devant soi, quelle que soit la **quantité**. J'essaie de les déculpabiliser. Je comprends que cela peut être difficile de manger dans le silence. De plus, je leur explique que, dans cette situation, les pensées qui circulent dans la tête peuvent détourner de l'assiette autant que la télé ! Quel que soit le contexte – la télé, la radio ou rien –, on peut s'entraîner peu à peu à développer une attention partagée ou alternée : un peu pour l'autre activité, un peu pour ce qu'on mange.

En dehors des repas, la télé a un autre effet : elle incite à manger. Question de génération, d'habitude prise dans l'enfance peut-être. Beaucoup de personnes ressentent une terrible attraction à manger quelque chose quand elles regardent la télé : biscuits, chips, chocolat, glace.

Je crois qu'on peut modifier cette attitude en en prenant conscience, en se demandant si on en en a vraiment besoin et en choisissant des programmes suffisamment intéressants pour absorber l'attention. Si on tient vraiment à manger, direction les 3 **AS**.

Mes suggestions paradoxales seraient donc :

– Si vous prenez un repas devant la télé : choisissez une émission peu passionnante, pour avoir une capacité à vous en abstraire partiellement.

– Si vous regardez la télé en dehors des repas : choisissez un programme suffisamment nourrissant en lui-même pour ne pas avoir envie de compléter par des aliments.

Temps

On diffuse largement l'idée que bien manger est une question d'**argent**. Je suis persuadée que la variable du temps est au moins aussi importante. Du temps pour repérer les fournisseurs les plus raisonnables, aller sur les marchés ou trouver des circuits courts. Du temps pour imaginer une variété de repas pas trop coûteux. Du temps pour cuisiner de façon simple et développer son savoir-faire et sa **confiance** dans ce domaine. Le temps n'est pas extensible, chacun dispose de vingt-quatre heures, il y a le travail, les transports, divers loisirs, le temps accru passé devant les écrans. Le **sommeil** ne devrait pas être négligé. Doit-on pour autant abandonner l'idée de manger une cuisine maison ? À chacun de choisir ses priorités et ce qui est bon et plaisant pour soi.

Tolérance

Ah, la tolérance... Cela n'a a priori rien à voir avec l'alimentation. Mais en fait, si, beaucoup. Quand on pense alimentation, poids, silhouette, ce n'est visiblement pas la vertu la mieux partagée. Les minces, les maigres, les gros : on a du mal à ne pas critiquer ceux qui sont différents de nous. Essayons d'être tolérants envers la **silhouette** des autres personnes plutôt que de les juger sans savoir ce qu'elles vivent.

Depuis quelques années, j'observe aussi une montée de l'intolérance entre mangeurs. Avant, tout le monde, ou presque, était omnivore et n'avait pas de problème. Aujourd'hui, à la faveur de quelques scandales alimentaires et de la croissance du nombre de végétaliens, avec les modes des alimentations « sans », des groupes de mangeurs bien distincts se créent et ne sont pas toujours très ouverts avec ceux qui ont d'autres pratiques. On regarde avec suspicion, on critique, on condamne, on ricane, on agresse. Acceptons les différences, ne jugeons pas, soyons curieux des autres et cultivons l'idée que l'on ne détient pas forcément LA vérité.

Une autre tolérance est à développer, si elle manque, c'est envers soi-même : on est souvent son juge le plus sévère. On peut plutôt s'exercer à comprendre ses propres comportements, à accueillir ses **émotions**. La tolérance, c'est une attitude neutre. C'est déjà beaucoup. Si vous voulez aller plus loin, soyez bienveillant(e)s !

Tout ou rien

Les personnes qui ont fait beaucoup de régimes, qui sont en difficulté avec la nourriture, ont souvent une attitude qu'on pourrait appeler « tout ou rien ». Elles vivent une alternance plus ou moins rapprochée (au cours de la journée, de la semaine, de plusieurs semaines...) de deux types de comportement totalement opposés. Soit je suis super stricte, totalement raisonnable, je me restreins, je me prive de tout ce qui est « mauvais ». Soit je craque, je me lâche complètement, je dévore paquets de gâteaux ou tablettes de **chocolat**. Il n'y a pas d'intermédiaire. Souvent, c'est une petite brèche qui ouvre les vannes. On est au **régime** ou en restriction, on fait un « **écart** » par rapport aux règles qu'on s'est fixées et là, au lieu de clore l'épisode et de passer à autre chose, c'est comme si tout l'édifice s'écroulait. Du coup, on se dit « au point où j'en suis, autant me gaver et demain, je refais attention ». Sauf que, au fil du temps, cela devient de plus en plus difficile de « faire attention ».

Il n'est pas forcément facile de sortir de cette attitude binaire où on voit tout en noir et blanc. Mais c'est salvateur. On peut décider de ne pas culpabiliser si on a trop mangé ou si on n'a pas pu s'arrêter avant la fin de la tablette. On se pose, on essaie de comprendre ce qui s'est passé. Et peu à peu, on s'efforce de ne pas se priver, de réapprendre à s'écouter et à manger un peu de tout.

Travail

Le travail a plusieurs effets sur notre façon de manger. On ne peut pas faire ce que l'on veut et on doit parfois s'adapter. Si on veut déjeuner avec ses collègues à heure fixe, on a intérêt à caler notre **rythme** alimentaire sur cette contrainte pour se mettre à table avec appétit. Si on travaille très tard, on doit faire quelques ajustements pour ne pas rentrer affamé.

Il met aussi sous pression par une charge de travail importante, au point qu'on saute la pause déjeuner. Ou qu'on la réduise à sa plus simple expression. Beaucoup de personnes déjeunent à toute vitesse, parfois devant leur ordinateur. Il peut s'agir d'un sandwich, d'un plat de traiteur ou d'une salade, d'un repas apporté de la maison : ce sera avalé rapidement, machinalement, sans y prêter **attention**. Cela peut arriver occasionnellement, bien sûr, parce qu'on a une urgence ou besoin de partir plus tôt, mais certains vivent cette précipitation au quotidien sans contrepartie. Je dis stop ! Pourquoi ?

D'abord, vous avez droit à votre pause repas, aussi impliqué(e) que vous soyez dans votre boulot. Quelle que soit votre charge de travail, ne me dites pas que vous ne pouvez pas vous accorder vingt minutes pour déconnecter et manger tranquillement un plat ou un sandwich. Ou alors c'est un problème d'organisation. Nous ne sommes pas faits pour bosser douze heures par jour sans pause : on ne peut pas être performant non-stop ! S'il s'agit de surfer sur Internet, est-ce le bon moment, est-ce une vraie détente ? Manger en pensant à autre chose ou en ayant une autre activité peut empêcher de sentir le moment où l'on est rassasié. Manger machinalement enlève beaucoup de plaisir gustatif, ce qui limite l'intérêt du repas. Si on travaille chez soi, on a aussi intérêt à se créer une vraie pause pour déconnecter un peu et, si possible, prendre son repas à un autre emplacement que celui où l'on travaille.

Manger, c'est aussi du partage. Sauf si tous vos collègues sont vraiment insupportables, pourquoi ne pas déjeuner avec certains d'entre eux : au restaurant d'entreprise s'il existe et est correct ; à l'extérieur ; mais aussi ensemble au bureau autour d'une table ? En parlant d'autre chose que du travail bien sûr ! À l'inverse, si vous le faites tous les jours, vous avez bien le droit de vous isoler de temps en temps, de sortir vous promener avec un sandwich sans culpabiliser de les lâcher.

Le travail, c'est aussi le lieu de beaucoup de **grignotage.** Parce qu'il y a des mini-viennoiseries en réunion le matin, une collègue qui apporte toujours des gâteaux, un autre qui rapporte des friandises de voyages, des anniversaires, etc. Est-ce que vous devez souvent faire face à ce type de tentations ? Il ne s'agit ni d'y céder à chaque fois, simplement parce que c'est sous vos yeux, ni de se l'interdire mais de décider au coup par coup si l'occasion en vaut vraiment la peine, par la qualité de ce qui est proposé ou par le contexte réjouissant.

Tunnel

Si vous n'êtes pas une mère (plus rarement, un père) de jeunes **enfants** qui travaille, ce chapitre n'est pas vraiment pour vous. Car c'est très majoritairement ce profil qui est concerné par cet effet tunnel.

Ce tunnel, c'est celui qui se situe de 17-18 heures à 21-21 h 30 pendant lequel on doit partir du boulot en courant, passer à la crèche ou chez la nounou récupérer sa progéniture, rentrer vite à la maison, préparer sans tarder le dîner des enfants car tout est minuté, donner le bain quand ils sont petits, jouer, faire faire les devoirs quand ils grandissent, les coucher pas trop tard. Puis préparer son dîner. Et cela peut englober aussi le moment du repas, la vaisselle. Seulement quand tout cela est terminé, on s'autorise à souffler. Mais entretemps, souvent, on s'est jeté sur du pain, du fromage, des biscuits, de la charcuterie, le reste du repas des enfants... ce qu'on a sous la main. Parce qu'on a faim mais qu'on ne veut/peut pas s'attabler. Parce que cela détend. Parce qu'on est fatigué. Parce que cela donne du courage pour cette fin de journée sous tension. Et quand il est enfin temps de passer à table, on n'a plus vraiment faim.

Il n'y a pas de solution miracle pour éviter ce malheureux tunnel. Mais on peut peut-être trouver quelques arrangements pour le rendre moins pénible :

– D'abord, ne pas être tenaillé par la faim. Si on sait d'expérience qu'on ne dînera pas avant 21 heures et que ce n'est pas son heure naturelle pour manger, on prévoit un en-cas, une collation en fin d'après-midi vers 17-18 heures pour tenir jusqu'au dîner.

– Côté **organisation**, il faut saisir les occasions où l'on cuisine pour préparer des grandes quantités dont on congèlera des portions vite disponibles pour le dîner, se faire une liste de repas vite prêts, dès que possible, préparer un repas unique pour toute la famille.

– Déléguer ce qui peut être délégué, en partageant autant que possible la routine familiale et ménagère.

– Se concentrer sur le présent plutôt que ressasser tout ce qui reste à faire.

– Ne pas chercher la **perfection** alimentaire. On a le droit, sans être un parent indigne, de préparer parfois des pâtes au fromage toutes simples ou d'utiliser des surgelés !

– S'enlever un peu de pression concernant les enfants : une marge de manœuvre de cinq à dix minutes n'est-elle pas envisageable pour les coucher, leur repas ne peut-il pas être simplifié ?

U

Unique

Vous êtes une personne unique ! Alors, arrêtez un peu de vous comparer aux autres ou à des modèles irréalistes, prenez soin de vous car il n'y a pas de personne de rechange. Et mettez en valeur vos atouts, vous en avez forcément !

Ustensiles

On croit souvent qu'il faut un matériel sophistiqué et conséquent pour **cuisiner**. Des tas d'ustensiles spécialisés, un robot super perfectionné, voire un qui cuisine tout seul. Je ne crois pas. Ne serait-ce pas plutôt des prétextes qu'on se donne ? Bien renforcés par le marketing culinaire et électroménager qui veut nous convaincre qu'on cuisinera tellement mieux ainsi. J'ai animé divers ateliers où l'on se contentait de plaques chauffantes, de poêles et casseroles et d'un mixer plongeant. Et on pouvait cuisiner des choses extrêmement variées et délicieuses, du tajine à la mousse au chocolat, du poulet basquaise à la soupe de lentilles. Beaucoup de personnes ont en outre un four et quelques plats qui permettent de réaliser des tartes salées ou sucrées, gâteaux, gratins. Au-delà de ces basiques, il est normal de s'équiper de petits ustensiles bien pratiques comme un zesteur ou un presse-ail. Un thermomètre et une balance si on fait un travail de précision. Au-delà, il est intéressant, avant de faire des achats nettement plus coûteux et encombrants, de bien réfléchir à ses besoins réels et durables, plutôt que suivre une promotion ou l'enthousiasme d'une copine. Qu'est-ce qu'on aime cuisiner et manger ? Qu'est-ce qu'on n'arrive pas à réaliser avec ce qu'on possède déjà ? A-t-on réfléchi à l'aspect nettoyage ou rangement ? L'important est de trouver ce qui vaut la peine pour soi et qui va vraiment être une aide en cuisine, pour être plus efficace si on manque de temps ou pour varier davantage son alimentation.

V

Vacances

À l'approche de vacances, la plupart des personnes pensent repos, détente, activités plaisantes, peut-être famille, amis, découverte. Mais, pour certains, la question du poids surgit de façon centrale et les vacances sont une source d'angoisse car inévitablement associées à une prise de poids. Parce que :

– on est dans une région ou un pays où l'on veut découvrir la gastronomie et goûter à tout sans rien oublier ;

– on a le temps de préparer et apprécier des petits déjeuners bien plus copieux que d'habitude, des apéritifs à rallonge avec beaucoup à manger et à boire, et on ne régule pas son appétit sur le reste des repas ;

– on fait des repas conviviaux avec des plats multiples durant lesquels on mange bien au-delà de sa faim ;

– on est dans un lieu de vacances proposant une formule **buffet** et on veut en profiter au maximum ;

– on est finalement beaucoup moins actif que le reste de l'année, sieste et doigts de pied en éventail plutôt que salle de sport.

Pourtant les vacances peuvent être un moment neutre côté poids si on écoute son appétit, voire une occasion d'initier une perte du poids souhaitée car :

– on peut vivre à son propre rythme et donc attendre d'avoir faim pour manger ;

– on a plus de temps pour se recentrer sur soi et écouter non seulement sa faim mais aussi ses envies, ses **émotions** ;

– on a moins de facteurs de **stress** qui peuvent faire grignoter ;

– on bouge davantage, on marche, on nage, on fait du vélo, on randonne, on découvre de nouvelles activités sportives ;

– on choisit ce que l'on mange au lieu d'être assujetti aux plats lourds du self d'entreprise.

On peut alors voir cela comme une opportunité d'enclencher un réel changement d'habitudes pour la suite. Attention aux bonnes **résolutions** trop ambitieuses. Il vaut mieux impulser quelques petits changements, peu nombreux, qui feront la différence côté bien-être, en partant de ce qu'on a fait ou vécu avec plaisir, sans contrainte. Aller au marché, cuisiner des plats simples sans se presser, bouger, se promener dans la nature, passer du temps avec ses proches, prendre son temps, lire, avoir une activité manuelle, ne rien faire, dormir. Ces choses essentielles pourraient-elles occuper une place plus importante dans le quotidien ? Pas ce qu'il faudrait faire, mais ce dont on a vraiment envie pour soi. Alors, les vacances n'auront pas qu'un bienfait éphémère.

Variété

Souvent, je parle de variété plutôt que d'**équilibre**. Pour deux raisons. C'est une notion plus souple qui correspond à l'idée que manger de façon intuitive fait varier sans effort et assure un équilibre dans la durée.

De plus on peut imaginer qu'on mange équilibré en mangeant chaque jour saumon-courgettes-riz alors que c'est tout sauf varié et donc pas intéressant gustativement et nutritionnellement. Tous les aliments ont des apports différents : varier permet d'en profiter facilement sans avoir besoin d'apprendre, ouf, que tel aliment apporte telle vitamine et tel autre tels minéraux. Avoir une alimentation variée, cela veut dire :

– Manger toutes les catégories d'aliments (sauf si on a décidé par goût, conviction ou intolérance d'en écarter certaines) : féculents (pain, pâtes, pommes de terre, semoule, riz, etc.) et légumineuses (lentilles, pois chiches, haricots...), premiers apporteurs d'énergie ; légumes ; fruits ; viande et charcuterie, poisson, œufs ; laitages et fromages ; matières grasses (huiles, beurre, crème, purées d'oléagineux) ; sucre et produits sucrés.

– Avoir beaucoup de variété à l'intérieur de ces catégories, en gardant de la curiosité pour des aliments qu'on ne connaît pas trop, en fonction des **saisons**, en déclinant des **recettes** de base avec différents ingrédients.

Combien d'aliments différents mangez-vous dans une journée ou une semaine ? Autant que les Japonais ? Faites-vous toujours les mêmes courses sans y penser ? Depuis combien de temps n'avez-vous pas goûté un aliment nouveau ? Amusez-vous ainsi à faire le point sur vos habitudes.

Végétarisme

Tous végétariens bientôt ? Je n'y crois pas malgré quelques titres accrocheurs. On peut toutefois diminuer sa consommation de viande si on en mange un peu trop/trop souvent, ce dont notre corps n'a pas besoin. Et aller plus loin en choisissant la souplesse adaptative du **flexitarisme**. Être plus exigeant, choisir la qualité plutôt que la quantité. Ou carrément passer à une alimentation végétale. Le nombre des personnes végétariennes (qui ne mangent ni viande ni poisson, mais consomment des œufs et laitages) et végétaliennes (aucune consommation de produits animaux) progresse. Face à une importante médiatisation des dérives de l'élevage moderne, des préoccupations environnementales et éthiques font réfléchir aux choix alimentaires que l'on fait. Pour les mettre en accord avec ses convictions. Il est souhaitable de le faire en toute liberté, sans pression, en réfléchissant à ses motivations. Et de ne pas chercher à imposer ces choix personnels aux autres, sous prétexte qu'ils seraient plus sains, plus humains, les seuls possibles... Plus concrètement, si on passe à une alimentation végétarienne, on peut sans difficulté préserver un bon équilibre nutritionnel en associant régulièrement des céréales (riz, pâtes, blé, boulgour...) et des légumineuses (lentilles, pois chiches, pois cassés, haricots secs...). Pas la peine de basculer dans des produits industriels, certes végétaux mais pleins d'additifs.

Vicieux (cercle)

Bien souvent, les personnes qui se mettent au **régime**, qui restreignent leur alimentation, finissent par craquer à un moment ou un autre, à remanger tout ce qu'elles s'interdisaient. Cela engendre de la **culpabi-**

lité, un malaise, une baisse de confiance en soi. Comme on remange, on reprend du poids. Et comme on ne va pas bien, on mange aussi pour se réconforter. Alors, on se remet au régime, on re-craque, on re-culpabilise, et c'est un nouveau régime. C'est ça le cercle vicieux infernal de la **privation**. Infernal mais pas fatal. Si on arrête de se dire que c'est de sa faute mais qu'on comprend que c'est la faute des régimes, on peut en sortir en arrêtant les régimes, justement.

Vitesse

Avez-vous remarqué (chez vous-même ou chez les autres) à quel point, quand on a décidé de **mincir**, on veut absolument que ça aille très vite ? C'est d'ailleurs un grand argument des vendeurs de minceur à base de slogans farfelus du style « Perdez 12 kilos en trois semaines »... Pourquoi tant de hâte ? Est-ce qu'à partir du moment où l'on a pris la décision de s'occuper de son poids, on ne se supporte plus ? Parfois, je me demande si ce n'est pas notre monde de consommation qui crée cela : on a envie d'une veste, on achète une veste, on la porte. On a envie d'un nouveau **corps**... Mais on ne peut pas le choisir sur une étagère, il ne peut que se dessiner sur le temps long.

Même des femmes qui ont entrepris de nombreux **régimes**, qui ont vécu le **yoyo** côté poids, qui se disent « vaccinées » contre les régimes, réclament souvent de la rapidité « pour rester motivées ». On garde en tête l'expérience de régimes précédents, les 3 kilos qu'on a perdus la première semaine... en oubliant la suite, les kilos finalement repris. Ou en se disant : « C'était de ma faute, j'ai manqué de **volonté**. » Pourquoi perdre du poids aussi vite si c'est pour le reprendre après quelques mois seulement ?

Mincir vite, cela veut souvent dire beaucoup de **privation**. Pas seulement. Cela signifie aussi ne pas passer le temps nécessaire à la compréhension des causes de la prise de poids. Si on ne prend pas un véritable recul sur ses habitudes alimentaires pour agir sur les bons leviers de changement, comment maintenir son nouveau poids dans la durée ? Est-il si difficile de se situer dans une perspective un peu moins immédiate ? Qui ferait peut-être perdre du poids un peu moins vite mais surtout, et n'est-ce pas l'essentiel, ne pas en reprendre ? Qui permettrait de stabiliser un corps avec lequel on se sente bien ?

On ne peut définir au départ la durée d'un amincissement. Chaque personne a son histoire alimentaire, son environnement, sa disponibilité mentale pour changer, son envie de s'écouter davantage : tout cela joue un rôle.

Petite histoire de deux femmes, de corpulence similaire. Ces deux amies ont pris du poids et veulent perdre une bonne dizaine de kilos. La première décide de suivre un régime restrictif (quasi-absence de féculents et de matières grasses, de la cuisine vapeur, un « écart » par semaine, etc.). Elle applique cela sérieusement, perd du poids assez rapidement, parvient à son objectif au bout de trois-quatre mois. Elle est ravie, elle arrête le régime puisqu'elle a atteint son objectif, sa copine l'envie... Car elle, elle a décidé de changer sa façon de manger sans régime après avoir vu une émission sur le sujet. Elle réapprend à écouter sa faim, à manger de tout en variant son alimentation. Parfois, elle mange trop, elle met un peu de temps à comprendre ce qui se passe, elle travaille à changer des habitudes bien ancrées, à ne plus utiliser la nourriture comme compensation. Cela lui paraît long, après 3-4 mois, elle n'a perdu « que » 3-4 kilos. Elle est tentée d'abandonner ou de faire comme son amie. Mais elle persévère car elle ne voit pas d'autre solution, et peu à peu, elle continue à perdre du poids doucement.

Où en sont les deux amies au bout d'un an ? La première a arrêté son régime, repris ses habitudes antérieures, remangé tout ce dont elle s'était privée. Peu à peu son poids est remonté au point de départ, elle est énervée, elle mange de plus en plus, s'en veut de gâcher ses efforts. La deuxième ne s'est pas découragée, même si elle aurait aimé que cela aille un peu plus vite. Elle a fini par arriver au poids souhaité en ayant vraiment changé sa façon de manger. Et finalement, c'est la première qui la regarde avec envie. La vitesse est-elle vraiment si importante ?

Volonté

Souvent, quand vous essayez de mincir et que vous n'y arrivez pas, que vous êtes à votre énième régime sans résultat, sauf des kilos en plus, des personnes de votre entourage, un parent, votre conjoint, des amis vous disent : « Allez, un peu de volonté. » Vous les détestez car vous voyez bien que cela ne marche pas, la volonté. Et vous vous en voulez car vous en avez pour des tas d'autres domaines de votre vie, de la volonté... Mais côté nourriture, ça bloque.

Eh bien, rassurez-vous, tous ceux qui vous disent ça se trompent. Car mincir, ce n'est pas une question de volonté, si cela veut dire contrôler, lutter contre des envies, s'interdire des aliments, s'obliger à en manger d'autres sans entrain. Tout cela ne fonctionne pas et ne fait qu'entraîner, tôt ou tard, **craquage**, lâchage, **grignotage**, compulsions...

Le comportement alimentaire est chose complexe, régie par de multiples facteurs. Il y a une bonne part émotionnelle qu'on ne peut pas mettre durablement sous contrôle de la volonté.

Oublions celle-ci. Que faut-il alors pour changer sa façon de manger ? À mes patients, je ne parle pas de volonté, plutôt de courage : celui de persévérer dans un changement d'habitudes confortables et bien ancrées. Celui de se détacher peu à peu de la nourriture qui fonctionne comme une compensation de mal-être divers. Celui d'apprendre à reconnaître et accepter de ressentir des émotions pénibles. Et on peut trouver ce courage en soi si on vérifie qu'on a vraiment envie de changer, si on le fait pour des raisons essentielles, pour soi, et pas pour se conformer à des modèles dominants de forme ou de **minceur**.

Voyage

Découvrir les spécialités d'un lieu fait partie des plaisirs du voyage, n'est-ce pas ? Flâner sur les marchés, picorer les spécialités du cru, dénicher des petits restaurants typiques, etc. L'occasion de goûter des mets inconnus, d'être curieux de nouvelles saveurs, d'autres manières de cuisiner, d'une autre façon de concevoir le repas, en termes de rythme, de composition, de modes de service... Mais aussi parfois, l'envie exagérée de tout goûter sans exception. C'est difficilement possible, il faut sans doute faire des choix, essayer d'écouter son appétit et accepter de renoncer à certains mets, aller vers ce qui suscite le plus d'envie et qui est vraiment particulier. Car l'estomac n'est pas extensible à volonté. Et on n'a peut-être pas envie de ramener quelques kilos en plus des souvenirs ?

Mincir n'est pas une question de volonté.

WXYZ

Waouh

Onomatopée qui a fait son chemin dans notre langage pour exprimer un étonnement enthousiaste. Elle est donc applicable à la nourriture. Quand on voit, goûte, savoure un merveilleux plat, pourquoi ne pas manifester ainsi son bonheur du moment ? C'est le signe qu'on a vraiment apprécié avec tous nos sens, qu'on était pleinement présent pour savourer. Et c'est le signe qu'on garde notre capacité d'émerveillement. On peut ne pas s'arrêter à une appréciation aussi brève ! Commenter, mettre des mots sur des sensations. Sans en faire trop non plus, cela reste de la cuisine...

X

Monsieur ou madame X, c'est vous, mystérieux lecteur ou lectrice. Je ne vous connais pas, je ne peux malheureusement vous apporter des réponses aussi précises et personnalisées qu'à mes patients. J'espère que vous aurez néanmoins trouvé matière à lecture plaisante et utile. Peut-être des lecteurs et lectrices de mon blog sont-ils parmi vous. Merci d'avoir franchi le pas vers le papier !

Yoyo

Terme couramment utilisé depuis quelques années à propos des **régimes**. Cette image du yoyo illustre le fait que la perte de poids liée à un régime est rapidement et quasiment toujours suivie d'une reprise de poids égale, voire supérieure, à la perte. L'effet classique du régime. Cette reprise de poids non attendue crée un mal-être mental et corporel qui incite à replonger dans un nouveau régime. Avec les mêmes conséquences : le poids baisse puis remonte un peu plus. Ainsi, au fur et à mesure des régimes et au fil des années, le poids augmente car le corps refuse de plus en plus l'amaigrissement. La prise de poids, contrairement au yoyo qui finit par s'épuiser, peut continuer longtemps. Sauf quand on prend conscience que cela ne marche pas et que ce n'est pas la bonne façon de perdre du poids durablement. Plus cette prise de conscience sera précoce, mieux on se portera !

Zen

Je sais ce mot ô combien galvaudé et éloigné de son origine. Ce qui était au départ une branche du bouddhisme japonais est devenu un mot employé à toutes les sauces pour décrire une situation, une humeur, une ambiance tranquilles, détendues, sans **stress**. J'aimerais cependant conclure cet abécédaire en souhaitant qu'il contribue modestement à ce que votre relation à la nourriture soit un peu plus zen, que vous vous sentiez libéré(e) de quelques contraintes inutiles ou règles rigoureuses. Prenez plaisir à manger avec une sereine gourmandise !

Liste des entrées

Abracadabra
Acceptation
Ados
Âge
Alcool
Allégés (produits)
Apéritif
Argent
AS (Trois)
Attention
Balance
Bio
Buffet
Calories
Changement
Chocolat
Cohérence
Confiance
Congélateur
Conscience
Consommateur
Convivialité
Corps
Couple
Craquage
Créativité
Croyances (alimentaires)
Cuisiner
Culpabilité

Culture
Demain
Detox
Digestion
Diversité
Domino (cuisine)
Écart
Écoute
Éducation
Émotions
Enfants
Envie de manger
Envies alimentaires
Équilibre
Équité
Étiquetage
Expérimentation
Faim
Famille
Féculents
Flexitarisme
FODMAP
Formule
Gaspillage
Gluten
Gourmandise
Gourou
Goût
Gras

Liste des entrées

Grignotage
Hiver
Hygiénisme
Industrie
Injonctions
Interdits
Intestin
Japon
Kilos
Légumes
Lenteur
Locavore
Ménopause
Métabolisme
Minceur
Mincir (et pas maigrir)
Mode
Mouvement
Nutrition
Nutritionniste
Occasions
Organisation
Orthorexie
Pain
Perfection
Petit déjeuner
Placard
Plaisir
Poids
Préférences
Privation
Quantité
Quotidien
Rassasiement
Recettes

Régimes
Résolutions (bonnes)
Restaurant
Rythme
Saisons
Sans
Sas
Sens (cinq)
Silhouette
Solitude
Sommeil
Sport
Stress
Sucre
Super-aliments
Surpoids
Télévision
Temps
Tolérance
Tout ou rien
Travail
Tunnel
Unique
Ustensiles
Vacances
Variété
Végétarisme
Vicieux (cercle)
Vitesse
Volonté
Voyage
Waouh
Yoyo
X
Zen

Bibliographie

Beaucoup des sujets traités dans cet abécédaire sont simplement effleurés, vous aurez peut-être envie d'en approfondir certains. Quelques suggestions de lectures :

Conscience
Réapprendre à manger, du Dr Jan Chozen Bays, Les Arènes.
Cuisine
L'Atelier bio, collectif, La Plage.
Changer d'assiette, de Keda Black, Marabout.
Manuel de cuisine populaire, d'Éric Roux, Menu Fretin.
Le Bonheur de cuisiner, de Perla Servan-Schreiber, La Martinière.
Digestion, intestin
Intestin irritable, les raisons de la colère, du Pr Jean-Marc Sabaté, Larousse.
Émotions
Tristesse, peur, colère, de Stéphanie Hahusseau, Odile Jacob.
Le Piège du bonheur, de Russ Harris, éditions de l'Homme.
Le Grand Saut, de Russ Harris, éditions de l'Homme.
Enfants
Libérons l'assiette de nos enfants, de Laurence Haurat et Laura Annaert, La Martinière.
Minceur

Bibliographie

À dix kilos du bonheur, de Danielle Bourque, éditions de l'Homme.

Mode, silhouette

Beauté fatale, de Mona Chollet, La Découverte.

Perfection, stress

Je dis enfin stop à la pression, d'Audrey Akoun et Isabelle Pailleau, Eyrolles.

Régimes, restriction

Maigrir, c'est dans la tête, de Gérard Apfeldorfer, Odile Jacob.

Maigrir sans régime, de Jean-Philippe Zermati, Odile Jacob.

Remerciements

Un grand merci :

À mes patient(e)s qui m'apprennent tellement sur la complexité humaine et me font progresser dans mon métier.

Aux lectrices et lecteurs de mon blog qui me donnent l'envie, par leurs retours, de persister dans le partage de réflexions et d'expériences.

À mes fantastiques collègues, si compétentes et bienveillantes, Géraldine et Marie-Laure, toujours disponibles pour des échanges et du soutien.

Aux membres du Groupe de réflexion sur l'obésité et le surpoids (GROS), qui ont tant enrichi mes connaissances sur le comportement alimentaire par les formations, les échanges, les congrès, les lectures.

À Christie, Estérelle, Marine, Sophie C, Sophie G, qui, par quelques mots semés ici et là, m'ont donné confiance dans ma capacité à écrire au-delà de mon blog.

À toute l'équipe de Carnets Nord et plus spécialement Florence et Frédérique pour leur accompagnement précis et attentionné.

À F. évidemment, soutien permanent et indispensable, même s'il est fondamentalement persuadé que bien trop de livres encombrent déjà les librairies !

Composition et mise en pages : FACOMPO, LISIEUX

CET OUVRAGE A ÉTÉ ACHEVÉ D'IMPRIMER
PAR PRÉSENCE GRAPHIQUE
EN AOÛT 2016

N° d'imprimeur : 071655280
Dépôt légal : septembre 2016
Imprimé en France par Présence Graphique